农村学校特色互助思与行

——中华优秀传统文化与初中数学教学的融合研究

王文飞 著

吉林大学出版社

·长春·

图书在版编目（CIP）数据

农村学校特色互助思与行：中华优秀传统文化与初中数学教学的融合研究 / 王文飞著. — 长春：吉林大学出版社，2023.6
ISBN 978-7-5768-1858-1

Ⅰ.①农… Ⅱ.①王… Ⅲ.①中学数学课—教学研究—初中 Ⅳ.① G633.602

中国国家版本馆CIP数据核字（2023）第128298号

书　　名：农村学校特色互助思与行
　　　　　——中华优秀传统文化与初中数学教学的融合研究
　　　　　NONGCUN XUEXIAO TESE HUZHU SI YU XING——ZHONGHUA YOUXIU
　　　　　CHUANTONG WENHUA YU CHUZHONG SHUXUE JIAOXUE DE RONGHE YANJIU

作　　者：王文飞
策划编辑：邵宇彤
责任编辑：滕　岩
责任校对：刘守秀
装帧设计：优盛文化
出版发行：吉林大学出版社
社　　址：长春市人民大街4059号
邮政编码：130021
发行电话：0431-89580028/29/21
网　　址：http://www.jlup.com.cn
电子邮箱：jldxcbs@sina.com
印　　刷：三河市华晨印务有限公司
成品尺寸：185mm×260mm　　16开
印　　张：14.25
字　　数：280千字
版　　次：2023年6月第1版
印　　次：2023年6月第1次
书　　号：ISBN 978-7-5768-1858-1
定　　价：78.00元

版权所有　　翻印必究

序 言
Preface

中国共产党第十八次全国代表大会报告明确指出："把立德树人作为教育的根本任务。"当前国家提出"五育并举"的教育政策，教育工作者要思考如何将其真正地落地。2014年教育部印发的《完善中华优秀传统文化教育指导纲要》（教社科〔2014〕3号）中明确指出加强中华优秀传统文化教育是深化中国特色社会主义教育和中国梦宣传教育的重要组成部分。

加强中华优秀传统文化教育，是构建中华优秀传统文化传承体系、推动文化传承创新的重要途径；加强中华优秀传统文化教育，是培育和践行社会主义核心价值观、落实立德树人根本任务的重要基础。应在课堂教学中渗透中华优秀传统文化教育，打造特色的课堂教学方式，以增强学生的理解，提高学生对中华优秀传统文化的认同度，从而引导学生认识我国统一多民族国家的文化传统和基本国情。这是我们教育工作者当前思考的重要课题，将其付诸行动是我们义不容辞的责任和义务。

为此，贵州省初中名校长王文飞的工作室开展了"基于名校长工作室引领，促进学校特色发展的校际互助模式实践研究"。旨在通过名校长工作室的引领，促使兄弟学校之间在教育教学、管理等方面的互相帮助，以较好地促进兄弟学校之间在教育观念、学校管理、校园文化、教育教学、队伍建设等方面取长补短、分享成果、共同发展，实现特色互助。如教育管理思想与方法的共同探讨，教学模式的共同实践研究，文化艺术的共同交流与促进，先进理念的共同学习等。进一步推进学校特色的校际互助交流，促进学校之间的特色发展，从而实现共同全面发展。想要实现基于名校长工作室引领，促进学校特色发展的校际互助模式与实践，需要名校长工作室的引领与相关成员及学校领导的共同分析，寻找学校间相同资源和个体特色，再通过名校长工作室对优质资源进行整合，进行校际互助交流实践，以达到学校之间的共同提升与全面发展。

《易经》："二人同心，其利断金。"韩非子曰："一手独拍，虽疾无声。"孟轲曰："天时不如地利，地利不如人和。""管鲍之交，桃园结义"。这些便是中华大地崇尚对互助精神的佐证。

然而，少数民族地区农村学生普遍感到学习数学很难，感觉接触的都是一些冰冷的、抽象的数字，为让少数民族地区农村初中数学课堂变得温暖，受学生喜欢，开展农村学校数学课堂教学方式的转型显得尤为重要。学校特色就是学校独有的一种文化。针对农村初中数学教学实际，本研究组加强了对"少数民族地区初中数学教学中渗透中华优秀传统文化的研究"，形成了少数民族地区农村初中特色的课堂教学方式和教学策略，为当地的农村学校数学教学提供了互助学习范式。

思是行之始，行是思之成。为了更好地推进中华优秀传统文化与初中数学的融合推广，实现校际特色互助，王文飞老师结合多年的教学实际，结合自己对打造特色课堂的思考、感悟以及将中华优秀传统文化融于初中数学的实践行动，形成良好的特色课堂互助思路，撰写了这本书，旨在为农村学校创建特色学校提供借鉴和参考，实现少数民族地区农村初中学校的特色互助，使农村初中数学教师对改变教学方式有所感悟，同时激发学生学习中华优秀传统文化的兴趣，提升教学质量，使学习数学成为学生感受中国传统文化的有效方法和途径，增强学生对祖国文化的认同感。逐步缩小城乡差距、区域差距和校际差距。注重教育内涵发展，鼓励学校办出特色、办出水平。

由于研究者理论与教学水平有限，总结和提炼的案例与研究的预期目标还有一定的差距。研究永远都在路上，笔者将继续开展研究工作，力争在今后的教学工作中真正实现在数学教学中渗透中华优秀传统文化，实现数学的育人价值。

贵州省初中名校长王文飞工作室
2021 年 4 月

目 录
Contents

第一章　少数民族地区初中数学教学中渗透中华优秀传统文化实践研究……………001

　　第一节　初中数学教学中渗透中华优秀传统文化的目的、内容、意义………003

　　第二节　初中数学教学中渗透中华优秀传统文化的背景分析……………007

　　第三节　渗透中华优秀传统文化的课题研究……………………………008

　　第四节　渗透中华优秀传统文化的基本策略……………………………010

　　第五节　在数学课堂中渗透中华优秀传统文化应遵循的原则……………026

　　第六节　初中数学教学中渗透中华优秀传统文化的实践价值……………028

第二章　初中数学教学中渗透中华优秀传统文化的应用策略………………033

　　第一节　初中数学课堂渗透中华优秀传统文化的重要性…………………035

　　第二节　初中数学教学中渗透中华优秀传统文化的思路…………………041

　　第三节　初中数学教学中渗透中华优秀传统文化的模式…………………052

第三章　在渗透中华优秀传统文化教学中感受美……………………………055

　　第一节　在数学教学中渗透美育……………………………………………057

　　第二节　在数学活动中感悟数学美…………………………………………059

　　第三节　在探索过程中发现数学美…………………………………………061

　　第四节　在数学课堂挖掘数学美……………………………………………062

第五节　展示数学之美，陶冶审美、创美情操 ················· 063

第四章　渗透中华优秀传统文化的实践感悟 ························· 069
　　第一节　初中数学教学中渗透中华优秀传统文化的体会 ········· 071
　　第二节　故事教学法在数学教学中的运用 ····················· 073
　　第三节　顺口溜在数学教学中的运用 ························· 075
　　第四节　引导探索、巧妙渗透中华优秀传统文化的思考 ········· 077
　　第五节　中华优秀传统文化数学课外活动的设计思路 ··········· 080
　　第六节　运用阅读材料中优秀的传统文化进行素质教育 ········· 083
　　第七节　数学教学方法改革的探索 ··························· 085
　　第八节　数学教学中对学生进行思想教育的几点认识 ··········· 088
　　第九节　利用司马光砸缸故事中的逆向思维解初中数学题例说 ··· 089

第五章　在数学教学中渗透数学文化增强数学教育成效 ··············· 093
　　第一节　在数学教学中渗入数学文化 增强文化内涵 ············ 095
　　第二节　在数学教学中渗透数学文化的策略 ··················· 098

第六章　渗透中华优秀传统文化的教学案例 ························· 103
　　第一节　渗透数学思想和方法的教学案例和教学思考 ··········· 105
　　第二节　渗透数学历史文化的教学案例和教学思考 ············· 117
　　第三节　渗透数学之美的教学案例和教学思考 ················· 142
　　第四节　渗透民族民间文化的教学案例和教学思考 ············· 153
　　第五节　优秀的科技文化成果渗透的教学案例和教学思考 ······· 189

参考文献 ··· 221

第一章
少数民族地区初中数学教学中渗透中华优秀传统文化实践研究

第一章 少数民族地区初中数学教学中渗透中华优秀传统文化实践研究

随着改革开放的全面深入和经济全球化趋势不断加强，我国的孩子越来越热衷于那些外来文化，对我国传统文化的认同感越来越低。初中阶段是孩子打好基础的重要时期，数学作为人类文化的一个重要组成部分，具有精准性、客观性和思想性。教学教师应根据少数民族地区初中学生身心发展的特点和相关理论，遵循初中数学教育教学的基本规律，充分发挥数学教学育人的育人功能，探究中华优秀传统文化与初中数学教学的融合点，通过在初中数学教学中融入中华优秀传统文化的教学实践，总结出数学教学中渗透中华优秀传统文化的策略、途径，从而构建一种新的数学课堂教学方式，让数学课堂教学质量得以提升，还可以增强学生对中国传统文化的认同感。本章节借助实验法、探究教学法、合作学习法等理论，依据数学学科的特点，进行教学实践，丰富了数学课堂，有效地调动了学生学习数学的兴趣，让数学课堂变得更加轻松、活跃、愉快。学生不仅掌握了数学知识，同时也受到中华优秀传统文化的熏陶。

第一节 初中数学教学中渗透中华优秀传统文化的目的、内容、意义

一、初中数学教学中渗透中华优秀传统文化目的

（1）通过有效的实践研究，让学生初步了解中华优秀传统文化，以增强学生的民族自信心和自尊心。我们伟大的中华民族曾经在漫漫的历史长河中创造了许许多多璀璨的成就，对整个人类文明的发展做出了不可磨灭的贡献。中华文化的艺术心灵可谓高古雅致，史学风范可谓秉笔直书，哲学智慧可谓天人合一，科技发明可谓影响深远，为人类创造了事天、知天、同天、乐天的精神境界，让中国历史发展的进程不断向前推进，同时也对整个世界的发展产生深远的影响。在世界文化史上曾经辉煌一时的古印度文化、古埃及文化、古巴比伦文化、古罗马文化和古希腊文化，随着时间的推移、流逝，有的早已灭绝，有的出现断层，有的被肢解摧残，唯有中国文化几经跌宕仍然绵延不绝，这与其文化传统和文化精神是密不可分的。综观整个世界人类文明的发展史，除中国文化以外，我们没有发现哪一个国家的文化形态，有着让每个人民感到自豪、荣耀的五千年灿烂文明和独立发展的悠久历史。

中国传统文化博大精深，源远流长，典籍丰富，流派众多，流光溢彩，蔚为大

观。其深厚的思想底蕴和独特的内容形式、对人类文明发展的杰出贡献，不仅举世公认，而且备受推崇。中国传统文化是我国各民族创造的共同精神财富，是一代又一代先民智慧的沉淀。它是我们民族灵魂的生发和皈依，更是承载我们梦想、滋润我们心灵的源泉。[1]

中国传统文化作为中华民族的文化遗产，既记录着五千余年社会文明发展的光辉历程，又承载着中华民族优秀的思想品德、文明行为、美好生活和艺术修养等信息，体现了中华民族勤劳智慧、自强不息的品质以及勇于探索创新、不屈不挠的精神，这正是中国传统文化的精华和魅力所在。中国传统文化是中华民族生生不息的文化之魂、精神之根和发展壮大的根基，为此，我们要不断弘扬和传承中华优秀传统文化。

（2）在初中数学教学中有效地探索出渗透中华优秀传统文化的策略和方法，可以更好地弘扬和传承中华优秀传统文化，增强学生对中华优秀传统文化的了解，可谓意义重大。中华优秀传统文化内容丰富、包罗万象，内涵很具有教育性、思想性，学生对这些内容很感兴趣。如古典的诗词歌赋中的数学，中国数学发展的历史，经典的数学著作，古代数学家的故事，古代的计算工具和数学计时工具，经典的古代数学名题，成语中的计量单位，以及蕴含数学思想的寓言故事、成语故事和民间故事，等等。

数学教师如果能将这些知识很好地渗透到数学教学中，将它们与教学有机融合，有利于学生开阔视野、激发兴趣、激励创新，丰富课堂内涵，增强数学学习的趣味性；对教师而言，有利于丰富教学资源、优化教学方法、拓展知识深度和广度，立德树人，提升教学的有效性；对学校而言，有利于拓宽素质教育渠道、扩大素质教育领域、推进素质教育进程，促进学校可持续发展。所以，本书试图通过实践研究，促使学校、教师和学生都能浸润在"中华优秀传统文化"的环境中，从本质上改变学生学习数学的态度，让数学成为学生和谐发展的重要元素。

（3）积累在初中数学教学中渗透中华优秀传统文化的经验，进一步深入挖掘、开发数学传统文化、地方民族文化资源，创编一套适合民族地区农村初中数学教学的校本课程读本。

（4）提高教师的课程开发意识与能力，提高教育价值判断、数学教学中的五育渗透、学生身心发展评价的专业水平，打造仁爱有礼、诚信向上的民族特色地方文化。

二、初中数学教学中渗透中华优秀传统文化的研究内容

（1）"数学课堂"是初中数学教学渗透中华优秀传统文化的直接方法。学校的教学活动形式多样，氛围轻松，其中不乏牵涉数学的领域。举办一些宣传中华优秀传统文化中的"古典数学故事"的活动或者引入数学竞赛，提供一个让学生接触中国传统文化的大环境，对于向学生推广中国传统文化将会很有作用。充满智慧的中国古代劳动人民，早已在生活的各个领域灵活地运用数学，留下了许多丰富的文化遗产，如果师生想要领略我国古人智慧的结晶，可以通过在学校开展"古典数学节"来实现，让中国传统文化的精髓在愉悦的节日气氛中给予学生良好启迪和体会。如中国古人很早就用天干和地支组成"六十甲子"来记录日期，学生可以用天干地支计算方法尝试对日期重新进行命名，这也使中国传统文化得到了很好的弘扬和传承。

（2）在教学过程中适当穿插中华优秀传统文化的相关知识，如在数学教学课堂上讲讲我国古代数学家背后的故事、中国的数学史和中国建筑文化等。在讲到数学思想转换的题目时，可以讲一些寓言故事，如"小马过河""乌鸦喝水""盲人摸象""曹冲称象"等；在讲到有逆向思维的题目时可以讲讲"司马光砸缸"的故事；在讲到最优化的思想时可以引入"田忌赛马"的故事，让学生在归纳比较的过程中体会到最优化的思想；讲到有类比思想的知识时可以给学生讲讲鲁班发明锯子的故事；在讲到某些概念的时候，如直线与圆相切，教师可以引用唐朝王维的诗句"大漠孤烟直，长河落日圆"；在讲到相似图形时可以融入布依族、苗族的服饰文化，也可以向学生讲述一些与本课教学内容相关的民族民间文化，让学生进行互动、交流，这样学生既可以接受数学知识，同时又对中国的传统文化有了进一步的了解。

（3）加强对中华优秀传统文化在初中数学教学中有机渗透的策略、基本途径的研究。

三、初中数学教学中渗透中华优秀传统文化的研究意义

（一）理论意义

从小学到大学，学生一直都在学习数学课程，但是在学校学习的数学知识，若在工作中不经常用，短则两三年的时间就"还给老师"，能深深刻在脑海中的则是数学的思想精神。良好的思维方法、品德修养等，让人终身受益，这就是大家所说的"素养"，这种"素养"不是与生俱来的，是在学习和实践中培养出来的。数学

教师在教学中，不仅要传授数学知识，更要让学生受到中华优秀传统文化的熏陶，感悟数学文化以德育人的独特功能，启迪数学思维、发展数学素养，增强学生对传统文化、民族文化的尊崇和热爱。

（二）实际意义

（1）在初中数学教学中渗透中华优秀传统文化，既改变了初中数学教学的形式，同时也丰富了数学教学的内容。近年来，随着"素质教育""全面发展""立德树人""五育并举"等教育理念的提出，在初中数学教育领域中，不仅要注重学习西方国家的先进的课程和教学方法，更要挖掘数学学科教学内容中与中华优秀传统文化的结合点，把优秀传统文化、民族民间文化蕴含的思想传达出来，达到以德育人的目的。

（2）在初中数学教学中渗透中华优秀传统文化，有利于发展学生理性的数学精神，培养学生科学的数学文化素养，使学生形成正确的数学观；有利于培养学生良好的审美情趣，激发学生的爱国激情、民族自豪感；有利于培养学生的辩证唯物主义观，培养学生运用数学知识的意识和优秀的数学品质。

四、初中数学教学中渗透中华优秀传统文化的目标

通过对中华优秀传统文化资源的深入挖掘，进一步加强数学的教育功能并使之得到拓展，还数学本来之面目，凸显数学文化，让数学的教育教学理念充分体现以人为本的思想。

（一）学生目标

通过开展在初中数学教学中渗透中华优秀传统文化的研究，让学生较好地学习中华优秀传统文化中的数学文化，丰富数学教学内容，增强学生学习数学的兴趣，让学生感受中华优秀传统文化的独特魅力，使学生学习数学的方法和思维得到拓展，同时培养学生的爱国情怀，提升其数学文化素养。

（二）教师目标

进一步增强教师对中华优秀传统文化的了解，提升数学教师教育教学业务水平和教学技能，提升教师文化修养，从而让教师在教学中推广、普及、传承中华优秀传统文化，提升在教学中渗透传统文化的能力，积极努力，不断弘扬和传承中华优秀传统文化，使其得以发扬光大。

（1）中华优秀传统文化中的数学文化资源是一种历史存在，不仅表现在其知识

本身，还寓于它本来的历史面目。因此，在数学教学过程当中，应充分揭示数学发展、知识产生的全过程。数学既是被创造的，也是被发明的，大到一门学科，小到一个符号，都是在一定的文化背景下出于某一种思考而产生的。当前的数学教育应还原数学发明、发现的过程，注重被割裂的数学知识的重建，找准与现实生活背景的联系，探寻中华传统文化中数学文化的知识源泉。

（2）数学是一种理性化的认识模式和思维方式，是人类抽象思维的产物。它是一种变换的技巧和一些运算的规则，始终蕴含着让人们成长、终身受益的方法和思想。因此，教师在教学实践中应该始终关注数学的本质特征，避免单纯追求数学知识化的倾向，注重对学生能力、思维的培养。

（3）数学是一种简洁、统一、严谨的美，从美学维度来看，它体现的是一种精神空间。正如英国著名哲学家罗素所说："数学，不但拥有真理，而且有至高的美。"[2]数学之美没有艺术之美、自然之美那么让人感觉鲜明、潇洒、亮丽，也没有其他社会美那样简洁、直观和具体，它深沉而严谨、抽象而奇异、含蓄而冷峻，是一种充满理智之美。因此，在数学教学中，教师应该努力挖掘数学所特有的理性智慧之美，引导学生去感受、去欣赏、去体会、去品尝数学之美。

（4）数学的文化意义，不仅在于它光彩照人的资源——科学知识本身，还在于它本身的文化价值、应用价值。因此，在数学教学中教师应加强数学和现实生活的联系，增强数学的实用性、应用性，让数学的应用价值在学生的实际生活中得到体现。

综合上述分析，数学教育只有深入学科的文化层面，而不仅仅局限于学科的知识层面，学生才能获得真正的数学素养，才能真正提升学生的素质，促进学生和谐、全面发展。

第二节　初中数学教学中渗透中华优秀传统文化的背景分析

在学科渗透中明确要求中小学要充分发挥学科教学的主要作用，结合教学环节渗透中华优秀传统文化的相关内容，使学生感受、认同、接受中华优秀文化和传统美德。目前，有关初中数学教学中渗透中华传统文化的探究，尽管引起了各方面的关注，但还处于探索阶段，本课题也想就此展开探究，为教学改革服务。

随着全球经济一体化的到来，外来文化正悄悄与中华传统文化抢夺阵地，我国许多优秀的民族传统文化正在淡化或消失。作为数学教师，学习并传播民族文化经典是我们当仁不让的使命，要在数学教学中努力营造传统文化的学习气氛，挖掘数学课本中传统文化的内涵，才能让学生感受到数学学科的内在美。通过近些年的数学课堂教学和教研活动，笔者认为在不增加学生学习负担的前提下，让传统文化知识渗透到数学课堂中，会达到事半功倍的效果。

第三节 渗透中华优秀传统文化的课题研究

一、研究设计

帮助教师转变教育观念，注重数学教学的育人功能，在教学中巧妙渗透中华优秀传统文化，关注学生身心发展，充分挖掘中华优秀传统文化和本土资源中民族民间文化的素材，弘扬民族文化精神，为教学所用，为学生所用，目的是促进学生个性与心理品质的健康发展。

中华传统文化是炎黄子孙的精神财富，是我们的国粹。传承好中华优秀传统文化，青少年一代义不容辞。作为数学教师，我们也责无旁贷，深感使命和担当、责任和义务之重，应努力将我们的传统文化有机地渗透到初中数学教育教学的课程之中。这既是发扬中华传统文化的需要，同时也是进一步丰富数学学科内容的内在要求。深入挖掘中华传统文化中的数学文化价值，并将其灵活地应用到数学教学之中，传承和弘扬中华优秀传统文化，一方面有利于激励学生获取科学文化知识，另一方面有利于提升学生的思想道德素质，增强他们的民族自尊心和自豪感。为了与时俱进并更好地适应课程改革的需要，让学生在学习数学的教育教学活动中潜移默化地受到优秀文化的熏陶，作为数学教师，我们应当更新教育观念，更新数学观，用数学文化视角下新的数学观来看待数学课堂教学，进一步品味数学的文化，提升数学文化修养。

第一阶段：前期准备阶段。现状分析，理论学习，了解相关研究的动向和理论支撑。主要任务：搜集整理与课题相关联的传统文化信息资料，对课题进行前期调研，对课题研究方案进行充分论证。课题研究的主要内容：确立课题研究实施的方法和途径，制定研究的主要目标，课题研究的核心概念，课题主要理论依据，以及课题研究实施的途径、方法等。

第二阶段：组织实施阶段。整体架构，细点着手，在实践和学习的基础上，继续深化和完善新课题研究方案、计划书，构建"少数民族地区初中数学教学中渗透中华优秀传统文化研究"课题的课程实施与活动组织的研究框架，实施将中华传统优秀文化与初中数学课程相结合的研究，形成中华传统优秀文化课程化、校本化的教育特色，并确立教师课题研究的方向和策略，主要对初中数学各年级课程中教育课程的目标、内容和评价体系进行梳理、完善，同时在实践的基础上重点摸索、探究课题研究实践中教育活动的组织策略。

第三阶段：总结检验阶段。鉴定评价，成果推广，完成终结性的课题研究报告、个案研究集、系列论文及教育活动集锦；完善中华传统文化课程体系。

二、研究方法

（一）文献研究法

查阅的文献资料主要包括中华优秀传统文化在初中的数学教学中的运用，古代数学名著，数学与古诗词，中国古今数学家的故事，数学教育相关的文献；有关中华优秀传统文化的书籍或资料；国内学术期刊上有关中华优秀传统文化与数学教学研究的文献以及相关教学网站上的内容。通过认真地学习研究，笔者获取了较为系统的基础理论知识、相关的数据信息等，全面了解了本课题领域的研究现状、研究成果和前沿动态，为本研究的顺利开展打下了坚实的基础。从多元角度对国内有关传统文化教育、课程建设、有关传统文化领域课程组织与实施等文献展开研究，把握国内外相关研究的发展动态，借鉴已有成果或者经验教训，深化课题研究核心概念理解，寻找课题研究新的创新点，为课题研究提供科学思路和理论支撑。

（二）行动研究法

教职员工在教育文化的驱动指引下，依据研究实践进行反思和优化，通过课题行动研究来提高自己的专业追求和教学质量，促使每一位教职员工在育人中实现个人价值。

（三）问卷调查法

1.问卷的设计

查阅和数学教学有关的数学教学理论文献与专著，设计问卷，对初中学生学习数学的态度、情感和兴趣进行问卷的设计。

2.问卷的信效度检验

针对问卷的信度采用"重测信度"检验,对选取的调查对象进行问卷测试,间隔两周以后,对其进行再次测试,前测的信度为0.94,后测的信度为0.91,信度的检验结果表明,调查的问卷信度较高,可以作为研究的研究依据。为了保证问卷的效度,咨询了相关专家,采用专家评判的方法对问卷的效度进行评分,根据专家评价意见及时地对问卷内容进行了修改。从专家评价结果来看,问卷效度较高,符合课题研究的需要。

3.问卷发放与回收情况

问卷发放方式采用亲自发放的形式,发放问卷120份,回收问卷120份,其中有效问卷115份,有效率95.8%。

(四)实验研究法

在为期半学年的实验中,实验对象为初中七、八、九年级学生,采用两组前后测实验法,从龙广二中教学班,随机抽取3个自然班进行前测,选出两个前测情况基本一致的班级作为研究对象。根据初中数学的实际,先在七、八、九三个年级各确定一个班为课题研究实验班,随机在三个年级各抽一个班为对照班。实验班的教师在数学教育教学中需做好渗透中华优秀传统文化的教学设计、教学方案对学生进行教学,而在对照班则采取常规的课堂教学方法、方式进行教学,对两年后两类班级的教学质量效果进行对比分析,从而得出实验结论。

第四节 渗透中华优秀传统文化的基本策略

数学的发展与人类文明的发展是同步的,在发展的历史长河中,蕴藏着无限的人文教育素材,可以说,数学史是人类文明史的缩影,充满了人类的喜怒哀乐,既有艰辛的劳动,又有辉煌的成就,它和其他科学、艺术一样,是人类共同的精神财富和智慧的结晶,其中所蕴含的数学元素课程资源是无比丰富的,是取之不竭、用之不尽的。为此,我们要努力挖掘中华优秀传统文化中的数学文化资源,展现数学文化的魅力,发挥其在培养人文精神方面的功能和作用。

一、充分激发学生学习数学强烈的探究欲望

我国是世界四大文明古国之一,在数学发展史上,中国古今数学家们做出了许多不可磨灭的贡献。在教学中结合教学内容,合理挖掘这些素材,在教学中合理渗透,能使之成为调节课堂氛围的调味剂,让学生愉快地学习数学知识,同时了解到我们的国家和民族在数学领域中所取得的巨大成就,唤醒强烈的探究欲望,从而增强学生学术发扬的积极性,激发学生继承中华民族光荣传统的责任感和自豪感,并增强他们的民族自信心和自尊心。

■ 案例1:八年级勾股定理

片段1 情境引入

如图1-1所示,2 500多年前,毕达哥拉斯去老朋友家做客,看到他朋友家用等腰三角形砖铺成的地面,联想到了正方形A、B和C面积之间的关系,你能想到是什么关系吗?

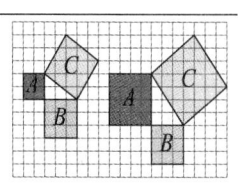

图1-1

> 设计理念或意图:通过毕达哥拉斯情境引入,激发学生研究的热情,也激起了学生学习的兴趣。

片段2 探究新知

师:如图1-2所示,地板上正方形A、B、C所围成的等腰直角三角形三边之间有什么特殊关系?

学生有些疑惑不知怎么办。

师:以网格正方形A、B、C所围成的直角三角形为例,三条边之间有怎样的特殊关系?(提示:学生量一量。)

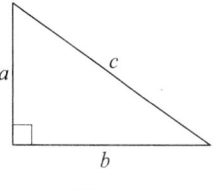

图1-2

> 设计理念或意图:层层递进,让学生总结,引导学生积极参与教学。

生:两个小正方形边长的平方相加等于大正方形边长的平方。

师:在网格中一般的直角三角形,以它的三边为边长的三个正方形A、B、C是否也有类似的面积关系?(每个小正方形的面积为单位1。)

生:小正方形的面积之和等于大正方形的面积。

师:你发现了直角三角形三条边之间的什么规律?你能结合字母表示出来吗?

师:猜测,如果直角三角形的两条直角边长分别为a,b,斜边长为c,那么会得到什么结论?

生:如果直角三角形的两直角边长分别为a,b,斜边长为c,那么$a^2+b^2=c^2$。

师：要点归纳（板书）：

勾股定理：如果直角三角形的两直角边长分别为 a、b，斜边长为 c，那么 $a^2+b^2=c^2$。

师：了解中国古代知识：《周髀算经》中勾股定理的公式与证明。首先，《周髀算经》中明确记载了勾股定理的公式："若求邪至日者，以日下为勾，日高为股，勾股各自乘，并而开方除之，得邪至日者。"（《周髀算经》上卷二）

师：古汉语"邪"也作"斜"解，意思是要想求斜着到太阳的距离，横着当勾，垂直的距离当股，各自相乘，再开方，就得到了。

PPT展示"赵爽弦图"让学生欣赏。

师："赵爽弦图"表现了我国古人对数学的钻研精神和聪明才智，它是我国古代数学的骄傲。这个图案被选为2002年在北京召开的国际数学大会的会徽。（有兴趣的同学课下可以查阅资料和同学们分享。）

师：讨论一下公式变形。（同学之间讨论。）

生：$a=\sqrt{c^2-b^2}$，$b=\sqrt{c^2-a^2}$，$c=\sqrt{a^2+b^2}$。

设计理念或意图：让学生不仅能学习数学知识，还能了解中国古代数学的成就，引发民族成就感。

片段3 例题分析（略）

片段4 练习巩固及课堂总结

练习巩固：

1. 下列说法中，正确的是（　　）。

A. 已知 a，b，c 是三角形的三边，则 $a^2+b^2=c^2$

B. 在直角三角形中两边和的平方等于第三边的平方

C. 在 Rt△ABC 中，∠C=90°，所以 $a^2+b^2=c^2$

D. 在 Rt△ABC 中，∠B=90°，所以 $a^2+b^2=c^2$

2. 在△ABC中，∠C=90°。

（1）若 a=15，b=8，则 c=_____。

（2）若 c=13，b=12，则 a=_____。

3. 若直角三角形中，有两边长是5和7，则第三边的平方_____。

4. 求斜边长是17 cm、一条直角边长是15 cm 的直角三角形的面积。

课堂反思：

（1）本堂课你们学到了什么？有什么感想？

（2）中华优秀传统文化博大精深，经过学习后，你想说什么？

赵福来老师在教学"勾股定理"一课时，学生一起与老师共同探究教学后，对勾股定理的知识基本掌握，这时赵老师没有停下来教授其他数学教学内容，而是继续向学生介绍中国古代数学知识:《周髀算经》中勾股定理的公式与证明。

2002年在北京召开的国际数学大会，你知道会议的会徽图案吗？它就是"赵爽弦图"的这个图案。听了这样一个故事，你有什么感想？"我非常自豪！因为我国的数学发展走在世界前列。""我们的古人既勤奋又聪明。"……教学中一个课外知识的拓展，不仅拓展了我们的教学内容，使学生更好地理解所学知识，同时对学生进行爱国主义教育，强化了品德，培养了意志。"赵爽弦图"表现了我国古人对数学的钻研精神和聪明才智，它是我国古代数学的骄傲。

教学中既有数学思想方法的渗透，又有数学史教学，学生不仅学到了数学知识，发展了数学思维，还学到很好的数学方法，教育意义很大。

■ **案例2：无理数 π**

在学习无理数 π 一例时，顺其自然地引出《周髀算经》，介绍刘徽的割圆术及祖冲之的疏率和密率等成就。秦汉以前，人们以"径一周三"作为圆周率，叫"古率"。到三国时期，刘徽提出了计算圆周率的科学方法——"割圆术"，用求圆内接正多边形的周长的方法求圆周长，计算到圆内接九十六边形，求得 π=3.14。祖冲之在刘徽割圆术基础上继续推求，在刘宋末年，他创立了推求圆周率的更精密的方法——分直径一丈的圆为一亿等分。"你们知道一丈是多长吗？""三米多。""对，就是半径约是 1.7 米左右的圆，大概这么大。"老师边说边用米尺比画了一个圆。"就是直径这么大的一个圆就分一亿等份，能想象每份是多长吗？每份只有 0.825 毫米长。"学生感到不可思议，为祖冲之顽强的毅力和聪明的才智而感到钦佩。祖冲之求得圆周率 3.141 592 7>π>3.141 592 6，外国数学家获得同样的结果，已是一千多年以后的事了。为了纪念祖冲之的杰出贡献，有些外国数学史家建议把这个结果叫"祖率"。"为我们古代的数学家能创造世界之最而自豪！"良好的爱国情怀得到了激发，教育的目的不正在于此吗？

■ **案例3：七年级正数与负数**

在教学正数与负数时，我们对正数与负数知识进行了拓展，介绍了中国最早发现负数的知识。中国是世界上最早发现负数的国家,《孟子》中记载:"邻国之民不加少,寡人之民不加多",其中"加少"就是减少,理解为加上了负数。《九章算术》中方程里明确提出以卖为正,则买为负;余钱为正,亏钱为负。

三国时期刘徽对负数的概念建立有重大贡献,他首先给出了正负数的定义:"今两算得失相反,要令正负以名之。"就是说,在遇到具有相反意义的量的计算时,要用正数和负数来把它们区分开来。

国外对负数的认识和被承认比中国要晚很多年,公元628年印度才认识负数,到17世纪时,荷兰人日拉尔使用负数并用负数来解决几何问题后,负数在国外才被使用。通过教学,学生较好地领略到我国古代数学光辉成就,丰富了课堂教学内容,增强了学生的民族自豪感和自尊心,使教育立德树人使命在教学中得到很好体现。

■ **案例4:传统文化讲座"中国计时演变"**

在做钟表演变的讲座时,用连环画的形式呈现计时工具的演变过程,让学生知道,如今虽然是利用钟表知道时间,但之前却经历了漫长的探索过程。古人计时最初采用的是"立竿测影"的方法,后来又用到了日晷、滴漏等计时工具,其中"日晷"和"滴漏"都闪耀着我国古代科学家的智慧,让学生体验到这个演变过程融合了多少先人的聪明才智,激发学生的民族自豪感。

二、在教学中让学生很好地感受数学家的科学精神

在数学发展的历程中,有着无数为人称道的数学家的故事,或是闪烁着智慧光芒的,或是执着追求真理的,或是艰辛求索的,或是做出巨大贡献的。所有这些都呈现了数学家们高尚的人格品质、感人的精神风采。在教学中,教师因地制宜,开发利用数学家的故事进行教学,可丰富教学内容,让数学更具感染力。

在上数学课之前,教师让学生充分利用网络、书籍等多种途径查找古今中外数学家勇攀科学高峰、严谨治学的事迹及他们的童年故事,然后在班上开展讲数学家故事的比赛,举办数学游戏、数学趣味活动等进行交流。新时代的中学生,收集信息的渠道特别广,因此故事的内容也相当丰富,如身残志坚、自学成才的数学家华罗庚的故事,陈景润攻克"哥德巴赫猜想"勇攀科学高峰的故事,可激励学生培养良好的学习意识和习惯。在教学到不定方程时,可以给学生讲讲我国古代数学家张丘建的故事,教学勾股定理时可以讲述商高的故事,通过在教学时讲解这些故事,

学生们很受启发、激动不已，特别是那些成绩处于中等的学生，聆听故事后信心倍增。在数学家的故事里，学生会受到数学家孜孜不倦科学精神的浸染和熏陶，特别是数学家们那种善思、刻苦、勤奋、好学、精益求精的科学精神，坚韧不拔、百折不挠的坚强意志、卓越品质，经得起失败和成功的双重考验、海纳百川、兼容并蓄的胸怀和气度，同时又能领略数学文化的博大精深。

■ 案例5：一元二次方程根与系数的关系

在教学一元二次方程根与系数的关系时，若 x_1， x_2 是一元二次方程 $ax^2+bx+c=0$（$a \neq 0$）的两根，则 $x_1 + x_2 = -\frac{b}{a}$， $x_1 \cdot x_2 = \frac{c}{a}$。

赵爽，又名婴，字君卿，东汉末至三国时期吴国人，他出身贫寒，家庭是做小本生意的，平时在家帮助父亲干活，有时间就发愤读书。他研究过刘洪的《乾象历》、张衡的天文数学著作《灵宪》，对《九章算术》《周髀算经》进行了深入的研究，并做了详细注释。他是继《九章算术》的作者以后，对数学进行理论研究的开山之祖，他写的《勾股方圆图注》对数学的发展具有积极的贡献。他是第一次正确地给出了勾股定理的理论证明的数学家，关于一元二次方程中根与系数的关系定理，就是在该注中给出的。通过学习，学生掌握了一元二次方程根与系数的关系，同时对我国古代数学家的科学精神也由衷敬佩，激发学生的民族自豪感。

■ 案例6：探索勾股定理

一教师在讲解探索"勾股定理"时，巧妙地渗透了周朝数学家商高的故事。商高是西周初期的一位数学家。

周公旦是西周时期著名的政治家、军事家、思想家、教育家，他重视发展国力，礼贤下士，身边的贤士非常多。周公也特别重视发展科学技术，经常与商高探讨科学知识。《周髀算经》是中国最早的数学和天文学著作，其中曾记载有一段"周公问数"的数学佳话，我们一起来品味吧。

一天，周公和商高在一起谈论问题。周公虚心地问商高："我对古代伏羲构造周天历度的事迹感到不可思议，我听说先生非常擅长数学，那么请教先生，古代的伏羲创立了天文和历法，可是天没有台阶可以攀登上去，地又不能用尺去测量，这些数是怎样得来的？"

商高回答道："数之法，出于圆方；圆出于方，方出于矩，矩出于九九八十一。故折矩，以为勾广三，股修四，径隅五。既方之外，半之一矩，环而共盘，得成

三、四、五。"意思是说，数是根据圆和方的道理计算得来的，圆来源于方，而方源于直角三角形。当一条直角边（勾）为3，另一条直角边（股）为4，则斜边（弦）为5。简称为"勾三股四弦五"，被命名为"勾股定理"，也叫"商高定理"。以商高命名勾股定理，这不仅是中华民族的骄傲，更重要的是它确定了东方几何学开创的"原点"，是几何学中一颗光彩夺目的明珠，被称为"几何学的基石"。当时善于用矩的商高已知道用相似关系的测量术。"环矩为圆"的几何定理，即"直径所对的圆周角是直角"，它的发现要比西方的发现早好几百年的时间。这样的教学不仅使课堂气氛得到了很好的调节，提高了课堂教学效率，同时学生思想也受到了古代数学家孜孜不倦、勇于探索的科学精神的洗礼。

三、要领略数学思想方法的魅力

数学是一门具有基础性、工具性的学科，是既创新又古老的学科，由古至今，数学蕴含着有趣的、极其丰富的问题，巧妙构思中孕育着丰富而深刻的数学哲理、数学方法和数学思想，在人类的生产生活中犹如粒粒耀眼的珍珠，闪烁智慧的光辉。抽象、推理、模型等构成了数学的基本思想，教学中，教师深入挖掘经典的趣题、经典的数学名题，并合理地开发，将其灵活地运用到数学教学之中，学生潜移默化地受到数学思想的浸润和熏陶，同时会增添数学学习的乐趣，让学生以饱满的热情自觉地投入学习之中。

■ **案例7：二元一次方程组**

如在教学"二元一次方程组"时，以"鸡兔同笼"问题作为教学的问题情境引入教学。引入"鸡兔同笼"问题：今有鸡、兔同笼，上有35个头，下有94只脚。鸡、兔各几只？老师先提问学生："这类型问题如何解决？"（算术法）古人想出一种特殊的假设方法：吹哨子。假设哨子一响，笼中的鸡都表演"金鸡独立"，笼中的兔子都表演"双腿拱月"，这样笼中鸡与兔着地的脚数就等于总脚数的二分之一，头数仍然是35个头。这时鸡头数与鸡着地的脚数相等，而每只兔着地的脚数比头数多1，那么鸡兔着地的脚数减去鸡兔总头数就等于兔的头数。中国古代数学名著《孙子算经》这样记载："上署头，下置足。半其足，以头除足，以足除头，即得。"解法如下：求兔的只数：94÷2-35=12（只），那么鸡的只数：35-12=23（只）。也可以用一元一次方程来解答，设兔有 x 只，则鸡有（35-x）只。列方程得 $4x+2(35-x)=94$，鸡：35-12=23（只）也可设兔有 x 只，列方程解答。讲授完后，老师说："同学们可否列二元一次方程组来解？"学生："可以。"，设鸡有 x 只，兔有 y 只，根据题意列出方程组 $x+y=35$，$2x+4y=94$ 解得 $x=23$，$y=12$。教学中学生通过三种解法的比较，感受到方程的模型思想，感觉到用二元一次方程组解答，思维方式简单，很方便，调动了学习积极性，激发了兴趣，较好地理解了数学和生活的联系，培养了合作交流意识，提升了数学核心素养。当然也可介绍"百鸡问题"。

■ 案例8：最短路径问题

老师教学"最短路径问题"时，用这道古代数学题作为情境引入：有一枯树直立于地面，树高两丈，粗3尺，有一藤从树根处缠绕而上至树顶，求这根藤有多长。这是一个立体图形问题，引导学生观察、类比，我们可以把该题进行变换，运用转化思想，把它转化为学生能理解的平面图形来解决，即将大树展开成平面图，再利用学过的勾股定理来进行计算。这样学生学会在平面图形中计算最短路径的解答方法，受到了转化思想的启迪，同时也学会了要解答立体图形上最短路径问题，应先转化为平面图形上的最短路径来计算，这样学生兴趣高涨，既学到了知识又受到博大精深的中华优秀传统文化的熏陶，提高了数学素养。

■ 案例9：分式的乘法

如在学习"分式的乘法"时，王文飞老师创设了故事情景"阿拉伯数学家花拉子密的遗嘱"："阿拉伯数学家花拉子密死前立下了遗嘱，'如果我亲爱的妻子帮我生个儿子，我的儿子将继承三分之二的遗产，我的妻子将得三分之一；如果是生女儿，我的妻子将继承三分之二的遗产，我的女儿将得三分之一'。当时他的妻子正怀着他们的第一胎小孩，不幸的是在孩子出生前，这位数学家就去世了。之后发生的事更困扰大家。你们知道为什么吗？"学生露出了疑惑的表情："不是很简单吗？为什么会困扰着大家？""是花拉子密的妻子生下一对龙凤胎，如何遵照所立遗嘱，将遗产分给妻子、儿子、女儿呢？"学生立刻醒悟过来。故事的引入增添了学习的乐趣，加深了学生对知识的理解，也开拓了学生的思维，培养了学生多角度考虑事情的意识。

■ 案例10：有理数的乘方

王文飞老师在教学时，对学生说："把一张报连续对折50次后，叠起来的厚度，若做成梯子，可以在地球与月球间来回32趟。"听到老师这么说，学生很吃惊："不可能！"于是教师组织同学们拿计算器算一算。学生经动手一算，发现原来是真的，这让学生感受到神奇的数学王国太不可思议了，学生的好奇心得到激发，自信心得到增强。

最后，王老师问学生："这一节课你有哪些收获？"有的学生会说"我学会了有理数乘方的运算"，有的学生说"我体验到了学习数学知识的快乐"，有的说"数学太神奇了"。教师借机鼓励学生要好好学习知识，并将其应用到实际生活中去，并用阿凡提智斗地主的故事给学生以启发：阿凡提的同村里有一位非常贪心的地主，村民们如果因为生活困难向他借1元钱，就要归还2元钱，借他一袋麦子，就要归还两袋麦子。受尽了他的欺压的村民找到阿凡提想办法。阿凡提知道后很气愤，决定想办法来收拾这个可恶贪心的地主。一天，贪心的地主收上来了很多麦子，需要一些秤来称麦子，他来向阿凡提借秤。机会终于来了。地主说："阿凡提老弟，我可以借你的秤用几天吗？"阿凡提："没问题，但我需要你给我一点回报。"地主很谨慎："要什么回报？"。阿凡提说："很简单，就是借第一天你给我2粒麦子，借第二天你给我4粒麦子，借第三天你给我8粒子。麦子……多借一天翻一番。怎么样？同意吗？"地主心想："第四天才16粒，太划算了。阿凡提也聪明不到哪儿，真让我赚了。"地主就怕阿凡提反悔，赶紧答应了下来。阿凡提叫来了几个村民作证，并立下了字据。地主满不在乎地用了一个月也没有归还。阿凡提叫上了村民来到地主家，按照字据上写的来收麦子。

教师接着问学生："阿凡提的方法能教训地主吗？为什么？"同学们开动脑筋，很快列出一个月后地主应该给阿凡提的麦子（应该是2^{30}粒）。这里探"模"的任务已经完成了，但是假如在此处打住，情境的意义仅仅起到了探"模"的目的，而其解决实际问题的价值就不能体现出来。这时，老师接着追问："若1粒麦子重0.04克，请估算2^{30}粒麦子大约重多少？"

答案是2^{30}粒=1 073 741 824粒麦子，大约重85 899 345.92克，即85.899 345 92吨。算下来的结果吓得地主瘫在了地上，刚收上来的麦子都让阿凡提和村民们拿走了，地主得到了教训。学生的学习兴趣也被调动起来了，用这个故事可教育学生学有所用。

四、要走进数学美的殿堂

我们从美学角度来看，数学是一个色彩斑斓、缤纷夺目的美的世界，有对称的美、简洁的美、数的美、形的美、式的美，和谐的美，以及比的美，如果在教学过程中注意挖掘这些资源，学生必能在学习过程中得到美的熏陶、美的享受。

■ **案例 11：直线与圆的位置关系**

教学时，教师巧妙地创设了布依族神鼓图片情景，贴近学生生活实际，问："你能从图片中发现神鼓和柱子之间有什么样的位置关系？"导入新课让学生欣赏美的图案，在教学结束老师总结时，引导学生联想到古典诗词"海上生明月，天涯共此时""大漠孤烟直，长河落日圆"，使得图形与文字得到完美的结合。

■ **案例 12：教学活动"用计算器探索规律"**

在组织的"用计算器探索规律"的数学教学活动中，教师让学生欣赏，通过不同数字的组合，可以得到一些非常奇妙的排列。这一发现令人拍案叫绝，学生沉浸在美妙的数学王国中，回味无穷。

$$1 \times 9 + 2 = 11$$
$$12 \times 9 + 3 = 111$$
$$123 \times 9 + 4 = 1\,111$$
$$1\,234 \times 9 + 5 = 11\,111$$
$$12\,345 \times 9 + 6 = 111\,111$$
$$123\,456 \times 9 + 7 = 1\,111\,111$$
$$1\,234\,567 \times 9 + 8 = 11\,111\,111$$
$$12\,345\,678 \times 9 + 9 = 111\,111\,111$$
$$123\,456\,789 \times 9 + 10 = 1\,111\,111\,111$$
$$9 \times 9 + 7 = 88$$
$$98 \times 9 + 6 = 888$$
$$987 \times 9 + 5 = 8\,888$$
$$9\,876 \times 9 + 4 = 88\,888$$
$$98\,765 \times 9 + 3 = 888\,888$$
$$987\,654 \times 9 + 2 = 8\,888\,888$$
$$9\,876\,543 \times 9 + 1 = 88\,888\,88$$
$$98\,765\,432 \times 9 + 0 = 888\,888\,888$$
$$1 \times 1 = 1$$
$$11 \times 11 = 121$$
$$111 \times 111 = 12\,321$$

$$1\,111 \times 1\,111 = 1\,234\,321$$

$$11\,111 \times 11\,111 = 123\,454\,321$$

$$111\,111 \times 111\,111 = 12\,345\,654\,321$$

$$1\,111\,111 \times 1\,111\,111 = 1\,234\,567\,654\,321$$

$$11\,111\,111 \times 11\,111\,111 = 123\,456\,787\,654\,321$$

$$111\,111\,111 \times 111\,111\,111 = 12\,345\,678\,987\,654\,321$$

$$9 \times 9 = 81$$

$$99 \times 99 = 9\,801$$

$$999 \times 999 = 998\,001$$

$$9\,999 \times 9\,999 = 99\,980\,001$$

$$99\,999 \times 99\,999 = 9\,999\,800\,001$$

$$999\,999 \times 999\,999 = 999\,998\,000\,001$$

$$9\,999\,999 \times 9\,999\,999 = 99\,999\,980\,000\,001$$

$$1 \times 8 + 1 = 9$$

$$12 \times 8 + 2 = 98$$

$$123 \times 8 + 3 = 987$$

$$1\,234 \times 8 + 4 = 9\,876$$

$$12\,345 \times 8 + 5 = 98\,765$$

$$123\,456 \times 8 + 6 = 987\,654$$

$$1\,234\,567 \times 8 + 7 = 9\,876\,543$$

$$12\,345\,678 \times 8 + 8 = 98\,765\,432$$

$$123\,456\,789 \times 8 + 9 = 987\,654\,321$$

数学就像一座超越了我们想象的五彩缤纷的华丽宫殿，孩子们站在这个无比宏伟、无比庄严的宇宙中，以赞叹、崇敬的目光远眺着它的美妙和壮观。

如在"圆与直线的关系"一课中，教师借助大自然中美妙的水纹、向日葵、光环、电磁波以及人类社会、生活、文化、艺术领域中美轮美奂的圆，充分展示圆的美丽和内蕴的文化气息；杨永龙老师执教的"轴对称图形"一课，借助布依族剪纸中的对称、布依族建筑物中的对称、布依族服饰中的对称、天坛和北京故宫的对称、京剧脸谱的对称、农村美丽的山水中倒影对称等现象来展示轴对称图形的美妙，让学生走进了美的天地，流连往返。

美几乎流淌于数学的每一个"细胞",只是有时因缺少发现美的目光而让我们一次次与美失之交臂。细细想来,自然数是无穷无尽的,不管多大的数用10个数字就能一目了然地呈现谁能说,这里没有蕴藏着数学的符号美?"哥尼斯堡七座问题",需要尝试的走法数不胜数,面对棘手的问题,将岛抽象成点,将桥抽象成线,原本复杂的难题竟转化成显而易见的"一笔画问题",谁能说,这奇异独特的解法中没有蕴藏数学的简洁美、抽象美?这样的例子举不胜举。我们再一次相信,不是数学中缺少美,而是我们缺少发现美的眼睛。

数千年的数学文化有着历史性和美学价值,合理地开发和利用,必能感染学生,打动学生,使学生产生美的遐想、美的向往、美的追求,从而使数学教学不仅具有传递知识的功能,还具有开启人的心智、引发人向上的功能,对学生全面和谐的发展起积极作用。

五、挖掘民族民间文化中数学生活领域资源

民族的就是世界的。少数民族民间文化是中华优秀传统文化的一部分,在研究数学知识的时候,少数民族民间文化中丰富的图案也成为研究对象。所以说,在初中数学知识中渗透少数民族文化,是当今教育教学的趋势。

数学与现实生活中少数民族丰富多彩的活动存在着必然的联系,数学来源于生活,而又应用于生活,生活中处处有数学。很多少数民族的图案也与我们的数学、几何息息相关。在数学教学中渗透少数民族文化,有助于塑造学生完美的人格,促进学生全面发展,有助于传承少数民族优秀的文化精神,同时能起到宣传我国少数民族文化的作用,让学生尊重、认可少数民族文化,促进民族团结,还能提高学生学习数学的积极性。

数学来源于生活,生活离不开数学。只有数学贴近我们的生活,与生活紧密联系时,数学才会富有生命力,才是鲜活的。在教学中把枯燥无味的数学分析、数学归纳、数学推理及数学演绎与多姿多彩的实际生活联系起来,对学生而言,能拉近学生与数学的距离,使学生感觉到一种特别的亲和力,从而萌发学习数学的欲望。同样,如果学生善于用数学的眼光去分析问题、观察事物,就能把生活、生产中的某些问题转化为数学问题,并用数学方法来解决和处理。让学生以一种愉悦轻松的情绪走进课堂,可使他们终身受益。

■ 案例13：轴对称

在教学"轴对称"一课时，赵福来老师巧妙地借助布依族剪纸文化，形象地讲解了轴对称。"布依族剪纸"广泛应用于民俗生活中：布贴花底样多为围腰花、被单花、衣裙花等，绣花底样多为背扇花、帽花、围腰花、鞋花、荷包花、衣边花、帐檐花及枕头花等，婚俗中使用双喜等喜花剪纸。教学中赵老师引领学生动手用剪刀剪出一些对称的图案，学生感受了生活，启迪了灵感，感受布依族人民的高超技艺，培养民族自豪感，提高数学学习的兴趣，提升了学生的数学素养，凸显了教学的教育性、直观性，让学生感受到生活中处处有数学，数学来源于生活。

六、注重开展数学活动，将传统文化与数学有机融合

在教学中开展给古碑查年份的活动，让学生学会计算天干地支、用天干地支表示年份，如判断辛丑年、壬寅年是哪一年；开展数学猜谜语活动，比如八分之七（猜一成语）——七上八下，一知半解（猜一数）——50%，1%（猜一成语）——百里挑一，等等；阅读古代数字故事、对联故事，如司马相如写给卓文君的书信故事，对联上联二三四五，下联六七八九，横批南北；故事很有趣味性，能激发学生对中华优秀传统文化的探究激情；开展讲数学家故事比赛、数学名题竞赛，以及河图洛书填写等活动。这些活动较好地激发了学生的学习兴趣，使他们不仅学到数学知识，也体验了中华优秀传统文化的魅力，提升了自身的人文素养，增强了爱国情怀。

七、收集中华传统文化知识中与数学相关联的资源

教育家斯托利亚尔言指出："数学教学也就是数学语言的教学。"[3]因此，数学的学习离不开数学的阅读，数学的阅读必定也包含数学相关的优秀传统文化的阅读。在数学教学活动中，指导学生进行中国传统文化方面的阅读，会提高学生的数学学习兴趣。

为了让学生更好地阅读，本课题组编写了《初中数学中华优秀传统文化读本》校本读本，以便于教师教学和学生阅读，其中包含诗歌中的数学问题、古代数学经典名题、古代趣味数学及中国古今数学家的故事等。

八、对中国古诗词中的数学问题深入挖掘，让学生受到诗词中的意境之美的浸润

杜甫的诗《绝句》："两个黄鹂鸣翠柳（点），一行白鹭上青天（线）。窗含西岭千秋雪（面），门泊东吴万里船（体）。"这是数学教师在数学教学中对点、线、面、体的最好诠释，让学生得以直观地感受。

诗歌与数学发展为两种不同的专门领域，但在历史上，两者却有着密切的联系：数学中的问题和解答、运算法常以诗歌的形式来表达，数学家也可能是诗人；数学家用数学的方法来分析诗歌，而诗人则用自己的诗词来歌颂数学家的伟绩；诗词中融入了数学的意象、数学的概念、数学的哲理、数学的方法，以及数学的思想，数学教学中融入诗歌，能加深学生理解、增长学生记忆，增添教学内容的趣味性，提升课堂效率。

我国古人多以诗歌来表达问题的解法，如明代数学家程大位，他在《算法统宗》中著有"百羊问题"：

甲赶羊群逐草茂，乙拽一羊随其后，

戏问甲及一百否？甲云所说无差谬；

若得这般一群凑，再添半群小半群，

得你一只来方凑，玄机妙算谁猜透？

意思是甲赶着一群羊去放牧，乙牵着一只羊，问甲："这群羊有没有一百只？"甲说再添这样的一群羊，再添这群羊的一半，还添这群羊的四分之一，最后添上你的一只羊，正好是一百只。问甲有多少只羊？这种玄机妙算你会吗？

又如"李白打酒"诗：

李白街上走，提壶去买酒，

遇店加一倍，见花喝一斗；

三遇店和花，喝光壶中酒，

试问酒壶中，原有多少酒？

设原来酒壶中有 x 斗酒，依题意得方程：$2[2(2x-1)-1]-1=0$。

也有诗歌反映勾股定理的，如我国古代数学经典著作《九章算术》（第1章第6题）：

今有池方一丈，葭生其中央，

出水一尺，引葭赴岸，

适与岸齐，问水深、葭长各几何？

该题被称为"引葭赴岸"问题。

又如"宝塔装灯"诗：

远望巍巍塔七层，
红光点点倍加增；
共灯三百八十一，
请问顶层几盏灯？

采用逆推的思维方法，如果将顶层所装灯的盏数视为1，那么从上往下数，依次是顶层盏数的2倍、4倍、8倍、16倍、32倍、64倍。设顶层灯光的盏数为x盏，则依题意得（1+2+4+8+16+32+64）x=381，可求得顶层为3盏灯。这首诗巧妙地将一至七层灯的盏数之间的关系隐含于诗歌之中，可见诗人的数学知识是何等的渊博。

还有诗歌表现了数学中的余数问题。《孙子算经》中有这样一道题："有一堆东西，3个3个地数剩2个，5个5个地数剩3个，7个7个地数剩2个，问这堆东西共有多少个？"宋朝的周密把这道题的解法写成了一首诗：

三岁孩儿七十稀，五留廿一事尤奇。
七度上元重相会，寒食清明便可知。

在这首诗中，上元即正月十五的元宵节，隐含15这个数；寒食节是冬至后的105天，隐喻数105。根据这首诗的意思，三对应数70，剩两个，则对应数70×2；五对应数21，剩三个，则对应数21×3；七对应数15，剩两个，则对应数15×2。这三个对应数70×2，21×3，15×2的和233加上105的任何倍数都是这个问题的解，即233+105t（t为整数）为全部解。取t=-2得23是这个问题的最小整数解。

程大位在《算法统宗》中把该题的解法编成另一首诗：

三人同行七十稀，五树梅花廿一枝。
七子团圆正半月，除百零五便得知。

上述两首诗都影射"物不知数"这类题的解法，这种解法称为"中国剩余定理"。这些题材具有浓厚的趣味性，既能使学生智力得到开发，又能让学生的爱国主义思想感情得到培养。

张奠宙认为："数学是人做出来的，数学的思考过程必然打上人文的烙印。数学意境和人文意境之间，是彼此相互借鉴的。"

例如"一去二三里，烟村四五家；亭台六七座，八九十枝花。"把数字嵌进诗里，读来朗朗上口。又如郑板桥的《咏雪》：

一片两片三四片，五六七八九十片。

千片万片无数片，飞入梅花总不见。

诗句抒发了诗人对漫天雪舞的感受。而清代纪晓岚用十个"一"字作诗更让人叫绝：

一篙一橹一渔舟，一个渔翁一钓钩。

一拍一呼又一笑，一人独占一江秋。

在总共四句二十八个字里，虽含有十个"一"，但并不觉得重复和累赘，反而觉得轻灵和巧妙。

以上的几首诗，虽然数字嵌入诗中，但与数学没有多大关系。

数学和诗词的联系，在于意境，《庄子》的"一尺之棰，日取其半，万世不竭"是一个著名的例子。

李白的《送孟浩然之广陵》：

故人西辞黄鹤楼，烟花三月下扬州。

孤帆远影碧空尽，唯见长江天际流。

"孤帆远影碧空尽"一句，让我们体会到一种动态意境，一个变量逐渐趋向于0，很神奇，让人体会到极限是无限过程。老子的《道德经》第42章首句为"道生一，一生二，二生三，三生万物"，这是对宇宙起源的一种认识和探索。从数学观点来看，构成"万物"的是一个无限的系统，自然数是一个一个地创造出来的。

杜甫的《登高》也许是最接近数学中"无限"意境的诗歌，"无边落木萧萧下，不尽长江滚滚来"这两句中的"无边""不尽"，概述了"实无限"，而"萧萧下""滚滚来"描述的则是动态的"潜无限"。

更有意思的是用诗句描述"无穷大"和"无界变量"的意境，如《游园不值》中的诗句"春色满园关不住，一枝红杏出墙来"。所谓无界变量，是说无论设置怎样的正数 M，变量总要超出你的范围，即有一个变量的绝对值会超过 M。M 就相当于园子，变量相当于红杏，无论多大的园子，结果是总有一枝红杏越出园子。

空间和时间都是无限的，如陈子昂的《登幽州台歌》：

前不见古人，后不见来者。

念天地之悠悠，独怆然而涕下。

从数学的角度看，这是一首阐发时间和空间感知的佳句。前两句表示时间可以看成是一条直线（一维空间）。诗人以自己作为原点，"前不见古人"指时间可以延伸到负无穷大，"后不见来者"意味着未来的时间是正无穷大。后两句则描写三维的现实空间：天是平面，地是平面，悠悠地构成三维的立体几何环境。全诗将时间和空间放在一起思考，感到自然之伟大，产生了敬畏之心，以至怆然涕下。这样的意境，是文学家和数学家可以彼此相通的。

第五节 在数学课堂中渗透中华优秀传统文化应遵循的原则

一、潜移默化原则

传统文化中的数学文化因素多为隐性的，数学体现有学科特点。因此，数学中的传统文化教育应以潜移默化为主，避免不合时宜的生拉硬扯，否则既从整体结构上肢解了数学课堂，又影响了所应达到的效果。

二、持之以恒原则

俗话说：十年树木，百年树人。教育是一个长期漫长的过程，永远在路上，所以，在数学教学中渗透传统文化教育要锲而不舍、孜孜不倦、持之以恒。

三、情境创设原则

利用各种途径，创设能吸引受教育者感受传统文化的教育情境，将他们的学习与参与的兴趣调动起来，达到耳濡目染、春风化雨的效果。

四、适合学生身心发展原则

教育必须适应学生的身心发展，必须坚守立德树人的使命，坚持五育并举，必须注重知识的传授与思想教育的结合，必须注重学生思想实际和接受知识的能力，注重耳濡目染，点点滴滴，有机渗透，以学生健康成长为目的，实现学生的全面发展。

五、合作原则

教育不能一厢情愿，要你情我愿，必须注重合作。教育是一个系统工程，在数学教学中渗透传统文化教育不能是单打独斗、单枪匹马。学校教育中的其他学科如语文、物理等也应注重中华优秀传统文化的渗透，形成合力，真正让立德树人的根本任务落到实处。促进教学中的五育并举，实现各科教育教学相辅相成地发展。这样，我们的传统文化教育就会遍地开花、无处不在，才会取得好的教学效果。

六、时代性原则

《义务教育课程方案（2022年版）》培育目标中明确指出："努力学习和弘扬社会主义先进文化、革命文化和中华优秀传统文化，理解和践行社会主义核心价值观，逐步领会改革创新的时代精神。"传承弘扬中华优秀传统文化，是每个教育工作者义不容辞的重要责任，初中数学教师更是责无旁贷。

我国是一个拥有56个民族的大国，各民族都有自己的文化，作为数学教师，我们要充分挖掘这些民族优秀的思想、文化，并将其有机渗透到我们的数学教学中，丰富数学课堂教学内涵，让学生受到教育，使学生感受到中华优秀传统文化的博大精深，更加爱自己的国家，热爱自己的文化。

文化是一个国家、一个民族的灵魂，文化自信是一个国家、一个民族发展中更基本、更深沉、更持久的力量。文化自信的形成是一个长期积累、多方面因素影响的过程。其中，文化认同是文化自信的根基和源泉。没有文化认同，就不可能坚定文化自信。为此，在数学教学中渗透中华优秀传统文化意义深远。社会在不停地前进，时代在不断地发展，我们周围的环境也在不断地发生变化。教师应该用动态、发展的眼光看待学生，情境的创设要有现代气息，要将现实生活中发生的、与数学学习有关的素材引入课堂，体现时代特色。人们常说："教什么比怎么教更重要。"在教学中，教师应努力强化学生思维的训练，加深学生与生活的联系，促进学生整体性发展，引导学生自主性探究，数学教学应体现时代特色，与时俱进。

第六节　初中数学教学中渗透中华优秀传统文化的实践价值

一、促进了师生理念的转变

两年来本课题研究的实施，增强了师生对数学的理解，改变了学生学习数学的方式，学生对数学有了新的认识。

杨永龙老师说："在'浸染中华优秀传统文化'这一价值引领下，我们聆听了许多专家的讲座，翻阅了许多流传千古的数理卷册，广泛的阅读使我们的智慧不断增长，引领我走向更高的起点。数学的学习训练了学生坚强的意志品质，教师有意识地设置思维障碍，激发了学生们在'孤立无助唯靠自己'的状态下独立思考、研究。教导学生在学习和生活上遇到困难和委屈时，不要知难而退，而要用自己的智慧和行动去解决问题。"马玉群老师说："在课题组研究中对中华优秀传统文化的学习，成为我成长的一个部分，它改变了我的思想和其他一些什么东西，那就是一颗永不退缩的恒心。"

王××同学在数学学习的过程中，深深感受到，大家在一起讨论一些习题，把自己从网上、书上找到的好题目和大家一起分享，真正体现了团结、向上、友好、进取的精神，在中学学习数学是一段快乐之旅。张××同学的体会："在数学的学习中，我感受到了其他同学各有所长：贺××面对难题誓不罢休的信念，黄××坚忍不拔的意志，韦××沉着冷静的心态，吴××临危不惧的风范。"学生姜×认为："数学竞赛使我真正完成了一个破数学之茧、化蛹成蝶的过程，获奖并不是竞赛的主要目的，我们从中获得的应该是一种数理思维方式和一种人文社会精神，以及在学习中合作与交流的团队意识，参加竞赛好似旅行，一路游山玩水，获奖不过是在意外之中发现了一泓清泉，倘若执意寻找意外，这样的旅行未免太累，还会错过许多美丽的风景，所以不如愉快地享受过程本身。"

以上是老师学生对数学的一些感受，而在这些感受中，我们能发现数学文化已经悄悄地在学生的学习中产生影响了，也在他们的成长中积淀下一些东西了。

二、锻炼和培养了一批数学教师

在课题实施过程中，通过两年的实践、探索、总结和研究，一批优秀的数学骨干教师脱颖而出。赵福来、王文飞老师被评为州级骨干教师；王文飞老师被评为省级名校长；舒萍、黄小云两位老师被评为州优秀班主任；课题组的杨永龙、韦波、王文飞三位老师被聘为国培指导专家；赵福来、徐芹、徐朝芸、舒萍和黄小云几位老师在国培活动中到册亨县巧马学校推广课题研究成果，为该校师生上了 5 节渗透中华优秀传统文化的数学示范课并获听课教师的一致好评。2018 年王文飞老师在黔西南州中小学学科渗透少数民族文化经验交流会上，做了"中小学数学教学渗透优秀布依族文化的策略与途径"的讲座。王文飞老师于 2019 年 9 月到广东省佛山市高明区参加教研，做了名为"自信的乡村教育"的专题讲座，受到了参会人员的一致好评。课题组的王文飞老师在黔西南州教育局 2020 年开展的"教育立州·送教交流"活动中，主讲了名为"数学教学中进行文化教学策略"的讲座，获一致好评。课题组老师撰写的与中华优秀传统文化相关的数学论文或案例在一些刊物上陆续发表、获奖，同时教师们制作了课堂录像和课件若干，为下一步的研究和开展积累了宝贵的经验素材。

三、促进了学生全面发展

在中华传统文化的背景下学习，能够启迪学生智慧、坚定文化自信、熏陶学生思维，让学生从事物的空间形式和数量的层面去分析各种问题和现象，进一步认识世界，用数学的语言去沟通交流、表述思维，进行数学处理，即以"数学的头脑"发现规律，看待问题，解决问题，这与"数学化"的思想不谋而合。在数学文化的背景下学习，能吸引学生自主性地参与学习活动，促使他们通过动手实践、自主探索与合作交流，获得必需的数学知识。这与弗赖登塔尔所倡导的"再创造原则"[5]有异曲同工之妙。在中华优秀传统文化的背景下学习，能使学生感受数学美，提高他们的数学审美能力，促进他们人格个性、情感体验的全面和谐发展。

四、形成了农村学校独特的教学范式

在教学的实践中，课题组的教师发现存在老师讲了好几遍，学生考试还是错；课堂教学后学生作业有很多错误，给出问题后学生不会思考；主动找学生订正、留下来补课，学生并不领情等情况。为此，课题组的教师不断总结、改进渗透的教学方法，大胆开展案例研究，并借助吕传汉教授"三教"+"情境－问题"的教学方法[6]，在教学中创设渗透中华优秀传统文化的教学情境，注重教学中的问题化与活动化，调动学生参与教学活动的积极性，让学生在教学中主动参与学习，自主学习思考，解决问题，产生疑惑，提出问题，参与互动，积累活动经验，提高学习能力。创设学生提出问题、发现问题、解决问题、展示自我、交流思想、提高能力、积累活动经验的互助平台，让学生相互启发、取长补短、互补不足，教学相长，实现生生互动、师生互动。课堂教学活动绝不只是教师的活动，也绝不该是少数几个学生的活动，而是全体师生的交往互动的生动的课堂教学情景。让我们的每位老师都有机会点燃学生心中的灯，从而唤醒学生的自信，即"两化（问题化、活动化）三动（主动、互动、生动）一唤（唤醒自信）"，简称"231教学范式"。

五、创新了作业的形式

在"双减"政策落实的今天，单纯的应试巩固性作业已经不能适应素质教育的发展，在数学教学中渗透中华优秀传统文化的实践研究活动，创新了学生作业形式，如撰写小日记、办电子小报等。

（一）撰写数学小日记

学生所处的家庭背景、文化环境和自身思维方式不同，他们分析问题、思考问题、解决问题的方法、方式也各不相同，体现强烈的个性色彩。引导学生将自己的思考过程有条理地记录下来，不仅可以掌握学生的思维动向，也可以促使学生对问题进行反思，帮助学生提高解决问题的能力，促进思维的发展。经教师引导，学生们认真撰写的日记《我学会了洛书的填写》《数学太神奇了》《我国古代数学成绩太骄人》等在学校获奖，激发了学生探究的激情，同时增添了几分文化韵味。

（二）自办数学小报、数学手抄报

为了拓宽民族地区学生的知识视野，促进他们全面发展，提升其综合素质，课题组教师借助研究的契机开展指导，自办数学小报和手抄报比赛，主题为"学习中华优秀传统文化，挖掘数学元素"。一学期下来，学生们收集中华传统文化信息，进行版面设计、美工誊写，一篇篇漂亮的小报展示给学校师生。小报内容丰富，有古今数学家的逸闻，有自编的数学童话故事，有学习方法的介绍，有学习的感想，有数学古典名题多种解法介绍，选编有趣的数学题，等等，一部分学生还在教师的指导下将手抄报制成电子小报，设计新颖、内容丰富。这既培养了学生各方面的能力,又提高了他们的人文素养和数学核心素养。为了使小报能吸引更多的"读者",课题组人员将学生自办的小报收集装订,挂在教室里,让学生自由地翻看。这些作业使学生通过活动获取了自信心。

(三)制作手工模型

苏霍姆林斯基说过:"在手和脑之间有着千丝万缕的联系,这些联系起着两方面的作用:手使脑得到发展,使它更加明智;脑使手得到发展,使它变成创造的聪明工具。"[4]笔者常结合教材进度,布置一些动手操作类的作业,如制作钟面学具、设计建筑模型及绘制学校平面图等。这些作业留给了学生更多的思考空间和探索余地,不仅让学生对所学知识达到学以致用,同时也培养了学生综合应用所学知识的实践能力和创造能力。

六、促进了学校教学成绩的大提升

通过实验研究,实验班学生的学习兴趣有了明显增强,教学成绩有了大幅度的提升。在实验班的带动下,学校全面铺开了数学教学中渗透中华优秀传统文化的推广工作,并运用"231教学范式",促进了学校传统教学范式的改变,改变了少数民族地区农村学校师生对数学的重新认识,进一步消除了以前不喜欢、害怕数学的情绪,激发了学生学习的兴趣,促进了学校、教师教学理念的转变,提升了教师课堂驾驭能力。教师较好地提升了业务水平和业务技能,打造了适合自己的特色课堂范式,提升了数学课堂教学的广度、厚度、深度和温度,实现了学校教育教学质量的飞跃提升。在近年的期末统测和中考中,学校的教学成绩在全区中名列前茅,受到了社会的一致好评。

七、反思与展望

虽然目前本课题研究已经取得了一些阶段性的成果,但课题组几位老师也对存在的问题心照不宣。

(1)在古代数学名题方面,课本上涉及的数学名题太少,研究样本很有局限性。

(2)在数学家的故事方面,教材中涉及的数学家很少且研究成果高深,有限的课堂时间里学生往往不能充分理解其深远意义。

(3)在中国数学史方面研究发现,一线教师理论知识太少,在数学课堂要持续渗透传统文化较之语文学科偏难,还有就是应思考如何处理好课堂教学任务和文化渗透研究二者的时间冲突。

（4）在古代数学工具认识方面，由于时代的变迁，当代孩子对很多数学工具非常陌生，让他们花费大量时间认识并学习这些工具似乎意义不大。

（5）由于研究者理论水平与教学技能限制，书写的案例等的质量与研究的预期目标还有一定的差距。

（6）研究永远都在路上，结题只是一个小结，课题组将继续开展研究工作，力争在今后的教学工作中真正实现在数学中灵活有机地渗透中华优秀传统文化，实现数学的育人价值。

文化的传播和发展需要一个积累、沉淀的过程，数学教育不能急功近利，这就如喝茶，慢慢地品尝，才能回味无穷。在数学文化的研究过程中，本课题组把研究的聚焦点放在对数学文化资源的挖掘上。通过挖掘中华优秀传统文化中的数学文化资源，让教师在数学教育的内容、方式方法、内涵素养和教师的言谈举止等方面都发生了变化，同时也促进学生的学习态度、学习方式的变化，而且大部分教师、学生都形成良好的行为习惯、思维方式、教育观和价值观念。中华优秀文化中的数学文化逐步成为稳定的、可弘扬的、可传承的、积极的文化。

数学教育在每一个人身上能够有更多的沉淀和积累，作为一个人个人文化底蕴不可缺少的一块基石伴随他的一生，就如学了语言更善表达，学了艺术更会观赏，学了数学应当使他更会理性地去思考、辨析。能够沉淀下来的东西一定有一个感悟、筛选、消化和摄取的过程，急风暴雨、填鸭式的灌输只可能助长肥膘，不可能造就思维。"十年树木，百年树人"，教育的真正功能在于让学生通过学习在今后的人生路上打好基础、张扬个性。作为数学教师，最大的期望就是若干年后学生还能感悟数学，那才是真正的数学素养，也正是教师不懈的追求。

第二章
初中数学教学中渗透中华优秀传统文化的应用策略

新时期，所有中学都要全面贯彻党的教育方针，坚持立德树人，加强社会主义核心价值体系教育，完善中华优秀传统文化教育，形成"爱学习、爱劳动、爱祖国"活动的有效形式和长效机制，增强学生的社会责任感、创新精神和实践能力。对于农村中学，特别是民族地区的农村中学，学生底子薄，加之教师教学方式缺乏创新，学生感觉数学太冰冷，对数学失去兴趣。中华优秀传统文化博大精深，思想内涵丰富，在教学中渗透中华优秀传统文化，可以优化教师的课堂教学方式，更具有教育功能，同时有助于激发学生学习数学的兴趣，提高青少年学生的人文素养，促进学生的全面发展，让数学更加温暖、深受学生喜欢。

第一节　初中数学课堂渗透中华优秀传统文化的重要性

一、调动学生的学习热情

传统数学教学模式过于枯燥单一，学生无法对过于抽象的数学知识产生浓厚的学习兴趣，也不能将所学的数学知识熟练应用到日常生活当中，甚至在遇到数学问题时，不知道用何种数学知识予以解决。若将中华传统文化中的数学内容渗透到课堂中，可以为学生带来前所未有的数学体验与新鲜感，能够调动学生的学习热情，使其在全新的教学模式的带动下，增加学习兴趣。

在教学中渗透中华优秀传统文化中的故事的案例如下。

■ **案例：代入消元法**

课堂教学实录：

片段1　情境引入"曹冲称象"的故事

师：大家喜欢听故事吗？

生：喜欢。

师：请看小视频讲述曹冲称象的故事。

师：曹冲是怎么称象的呢？

生：把大象的体重转化为石块的重量。

师：这体现了什么样的数学思想呢？

生：等量代换（学生兴趣高涨）。

生：运用学过的知识将生疏的问题转化成熟悉的问题，应该是转化的思想。

师：回答很好，给他鼓掌！

师：那么我们能用这种思想解决生活中的问题吗？

生：可以。

师：我们就用转化的思想来解答二元一次方程组。

设计理念或意图：创设故事情境，引入优秀传统文化曹冲称象的故事，让学生了解我国的传统文化，了解数学转化思想，引入传统文化，激发学生的学习兴趣；让中国的传统文化不再流失；将数学文化与数学知识有机地融合起来，彰显数学文化的本性，激发学生学习数学的热情。

师：上新课之前，老师要考考同学们了。请大家开动脑筋想一想，动手做一做，得出问题答案后请举起你的小手。

问题1：下列各组 x，y 的值中，哪一组是方程组 $\begin{cases} x+y=22 \\ 2x+y=40 \end{cases}$ 的解？哪些不是？为什么？

A. $\begin{cases} x=10 \\ y=10 \end{cases}$ B. $\begin{cases} x=12 \\ y=10 \end{cases}$ C. $\begin{cases} x=12 \\ y=16 \end{cases}$ D. $\begin{cases} x=18 \\ y=4 \end{cases}$

（待多数学生举手后，老师请学生说出自己的答案和理由。）

生：……

师：同学们说得很不错！方程 $x+y=22$ 的解有无数个，$2x+y=40$ 的解也有无数个，这两个方程的公共解才是方程组 $\begin{cases} x+y=22 \\ 2x+y=40 \end{cases}$ 的解。

下面老师要考同学们第二个问题了，动手做一做，做完后请举手。

问题2：解方程 $2(22-y)+y=40$。

（待多数学生举手后，进行讲评。）

师：看来同学们对一元一次方程的解法已经很熟练了，老师还要出一个有挑战性的问题，看看能不能难倒同学们。

片段2 探究新知

开动脑子想一想、试一试，怎样求方程组 $\begin{cases} y=3x-10 \\ 2x+5y=1 \end{cases}$ 的解？

（教师巡视，等学生思考一定时间后与学生交流，进行适当启发。）

师：这里也是求解的问题，但这个问题与同学们学过的解一元一次方程有什么不同呢？

生：这里有两个未知数，一元一次方程中只有一个未知数。

师：说得很好，这里有两个未知数，但我们只学会了解含一个未知数的方程，怎么办呢？

（学生窃窃私语，有了学生举手。）

师：我看到有同学已经想出办法了。再想一想，以前遇到新的问题的时候，我们是用什么办法解决的？

（待有了一些学生举手后，老师点名请学生说说自己的想法。）

生1：我把方程 $2x+5y=1$ 中的 y 换成 $3x-10$，就变成了一元一次方程了。

生2：我把 $y=3x-10$ 代入 $2x+5y=1$ 中，这样就只含未知数 x 了。先求出 x 然后再求 y。

师：其他同学听清楚他们的办法了吗？采用代入法，把二元一次方程组转化成一元一次方程，这样就容易解答了。

生：听清楚了。

师：刚才两个同学说得太好了，请大家给他们一点掌声！

为什么可以把方程 $2x+5y=1$ 中的 y 换成 $3x-10$ 呢？我们知道，方程组 $\begin{cases} y=3x-10 \\ 2x+5y=1 \end{cases}$ 的解就是 $y=3x-10$ 和 $2x+5y=1$ 的公共解，换句话说，就是求得的 x 和 y 既要满足 $y=3x-10$，又要满足 $2x+5y=1$，所以两个方程中的 x 和 y 是相同的量，这样我们就可以用第一个方程中的 y（即 $3x-10$）替代第二个方程中的 y 了。

（板书解方程的过程，示范书写格式。）

师：刚才同学们再一次用到了数学中解决新问题的一个好办法——将遇到的新问题转化成已经会解决的问题进行解决。转化的方法是，将二元方程消去一个未知数，变成只含一个未知数的方程，这种方法叫消元法。

代入消元法：将其中的一个方程中的某个未知数用含有另一个未知数的代数式表示出来，再代入另一个方程中，从而消去一个未知数，化二元一次方程组为一元一次方程，进而解一元一次方程。

> 设计理念或意图：用类比的思想探究新知，学生感受知识的形成过程。通过类比，让学生找出相同的部分和不同的部分，感受到二元一次方程组转化为一元一次方程的过程，就是消元的思想。学生运用所学的知识解决实际问题，真正做到学以致用。

（一）教学反思

在这节课的教学过程中，对学生的学习积极性调动不够，整个课堂气氛较和谐。由于课前已经做好了充分准备，所以整节课教学过程流畅，讲解例题时由简到繁、由易到难、逐步加深。解二元一次方程组的基本思想是转化，采取消元法，学生能较好地用含未知数的代数式表示另一个未知数，较好地体悟用代入法解方程组的步骤和方法。通过这节课的教学，主要有以下几点反思。

一方面，课堂上，应尽可能多地给学生创造合作交流的机会。由于本节课的内容是纯计算问题，学习解方程组的方法，似乎没什么可让学生交流的机会，但是作为教师应尽可能地给学生创造交流机会，如让学生上黑板板演。由此，笔者感受到，学生在学习的过程中，需要不断地受到启发，但启发的人不一定一直都是老师，而且学生的思路往往比老师们的更好！因此，在教学过程中一定要有意识地多为学生创造这种合作交流的学习机会。

另一方面，课堂教学中每一个学生的学习速度与接受能力是不同的，尤其在问题情景教学中，学生必然有一个摸索的过程，在这个过程中难免遇到许多困难，或多或少地，会走一些弯路，在这个时候，教师的态度非常重要，教师若以亲切和蔼的话语、鼓励赞许的目光面对学生，就能创设一个平等和谐的学习氛围，从而给予学生无穷的探究热情，激活整个探究过程，否则就会扼杀学生的探究意愿。因此，今后在课堂，教师还要善于关注学生的个体差异，尊重不同学生在知识、能力和兴趣等方面的需要，有针对性地设计不同层次、不同类型的问题，使学生都有机会参与到教学活动和实验活动中去，让他们自己有主人翁的感觉，切实与同学真诚合作，体验完成一项活动任务的成功喜悦，都能在学习过程中有所收获。

（二）教学体验

1. 总结经验提升自我

（1）通过中华优秀传统文化中的"曹冲称象"的故事视频引入，创设了情景，激发了学生的兴趣。良好的开头是成功的一半。教学中从问题入手，由学生列方程求解，要求学生列一元一次方程和二元一次方程组两种，引导学生对比一元一次方程与二元一次方程组中，根据相同的等量关系所列的方程，发现谁代换了谁，从而探索归纳出用代入消元法解二元一次方程组的方法。

（2）师生共同用代入法解二元一次方程组，目的是让学生明确解二元一次方程组的过程，同时规范每一步的书写要求。

(3)由学生独立用代入法求解一道二元一次方程组问题,其中一名学生板演,目的在于发现学生在求解过程中可能出现的问题,从而进一步强调用代入消元法解二元一次方程组的步骤及注意点。

(4)由学生独立练习,达到完全掌握用代入消元法解二元一次方程组的目的。

2.反思不足积极改进

(1)时间分配上,仍需改进。本节课中教师在"知识引入"上用的时间有一些多,导致后面的内容时间上比较紧张,本来要在课上进行的"当堂检测关"没有进行,虽然这一环节也可以放在课后进行,但是没能完成预先设计的内容,这是需要今后注意改进的地方。

(2)在进行小组合作探究活动时,学生的积极性很高,与教师的配合也很好,但在整个的实施过程中出现了一些问题。比如在概念的得出上学生的总结出现了一些问题,教师在处理时由于怕时间不够充裕,所以学生出现问题时,先简单做出了解答,其实这里应由学生自己来解决,这样对学生能力的提高非常有帮助。

3.教学思考

(1)五育培育:本课例借助"曹冲称象"的故事让学生感悟到中华优秀传统文化的智慧,学到了做事要多动脑筋和转换的数学思想,使德育、智育得到了融合;在小组合作探究的活动中,学生学到了合作带来的力量,在解答过程中注意书写的美观,美育和劳动教育得以浸润。

(2)引导学生思考:本案例通过教学思考,采取问题化的办法,逐渐类比,教授怎么把两个方程转化为一个方程,拓展学生解决实际问题的能力,把抽象的问题简单化,让学生感觉冰冷的数学被赋予温度,激发学生的求知欲。

(3)引导学生表达:教学中不断制造问题,诱发学生思考,并把所想积极表达出来,对所学的知识进行归纳总结。

(4)数学方法指导:本案例通过创设中华优秀传统文化"曹冲称象"的数学情境,让学生通过等量代换的思想,循序渐进、由浅入深地解决二元一次方程组的问题,把冰冷的数学变得温暖。

二、提高学生的学习能力

传统数学课堂主要围绕学生的数学学习能力及数学思维进行培养,忽视学生德育教育诉求。若将中华传统文化渗透到初中数学课堂,可以让学生对数学知识产生求知欲，立足多元化角度，认知不一样的数学知识内容，提高学生数学学习能力，促进核心素养的良好发展。

如教学"数学广角——对策"时，可引入"田忌赛马"的故事。孙子曰："凡战者，以正和，以奇胜。故善出奇者，无穷如天地，不竭如江河。"这段话大意是作战总是用"正"兵挡敌，用"奇"兵取胜。孙子的后代孙膑暗助田忌跟齐王赛马，两方马各分上、中、下三等，足力相差并不太多。田忌取胜法：以下对上，上对中，中对下，结果三战两胜。可见，统筹变通，方能出奇制胜。"横看成岭侧成峰，远近高低各不同。不识庐山真面目，只缘身在此山中。"苏轼告诉我们，看问题不能老盯着一个方向、一个角度，要知道东边日出西边雨，南方不亮北方亮。让学生通过归纳、统筹变通、比较体会最优化的思想，也体会到中华优秀传统文化中优秀的思维方式，较好地提升学习能力。

又如挖掘中华优秀传统文化中转换思维角度的故事培养学生的学习能力。司马光砸缸的故事家喻户晓，童年的司马光发现小伙伴掉落水缸，人命关天，依思维定势，他应把落水者从上面抱出来，可他年幼办不到，喊大人也来不及了。他急中生智，抱石猛砸水缸下部，缸底抽水，伙伴脱险，传为千古佳话。在数学教学中，有些问题，如果我们正向思考，会让我们的思维变得烦琐，走入死胡同，若我们转换思维方式，反向思考，会柳暗花明。运用这些故事，能增添课堂情趣，也能启发学生思维，培养学生能力。

三、培养学生的民族精神

在数学领域，中国有许多优秀的数学古籍，这些数学古籍为现代数学发展奠定了坚实基础。在新时代教育背景下，初中生在学习现代数学知识内容的同时，也要深入了解数学古籍相关的知识内容，如《九章算术》《五经算术》等，这些数学古籍不但有助于学生更加深入地理解数学，还能提高其民族自信心，使学生为我国古人的智慧所折服，继而在今后的学习探究中弘扬传承中华民族的探究精神。

如在教学"多项式乘多项式"这部分内容时，为了拓宽知识的广度，培育学生数学探究兴趣，让数学课堂更具厚度和深度，引导学生探究完全平方、立方和（差）、$(a+b)^4$，学生探究完后，笔者向学生介绍了我国数学史知识"杨辉三角"，杨辉三角也被称为"二项式系数表"，这些都被记录在我国的著名的大型古代典籍《永乐大典》之中。然而，人们发现《永乐大典》现存于英国的一家纪念馆之中。

《永乐大典》是我国古代最大的一部类书，被称为"最大的百科全书"，它内容宏富，卷帙浩繁，版式精美，开本宏大，端楷书写，绘图精丽，而又命运多舛，屡遭浩劫。《永乐大典》的编修和传承，是中国古代典籍文化的象征；《永乐大典》的流散与聚合，是近代以来中华古籍保护事业的缩影。为什么《永乐大典》会出现在英国呢？就是当年的八国联军从中国抢去的。在教学即将结束时，我们的老师用一首打油诗结束了新课："杨辉风流贾宪骄，前年逸事话前朝。永乐大典今何在？举头西望何时归。"

对多项式乘多项式内容进行深挖，这样的处理激发了学生的民族自豪感，同时也提醒学生时刻不忘国耻。

又如，教学勾股定理时，笔者讲述了"大禹治水"应用勾股定理的故事。《周髀算经》上有这样的记载："故禹之所以治天下者，此数之所由生也，""此数"指的是"勾三股四弦五"，这句话的意思就是说：勾三股四弦五这种关系是在大禹治水时发现的。勾股定理在生活生产中广泛应用，战国时期古籍《路史后记十二注》中就有这样的记载："禹治洪水决流江河，望山川之形，定高下之势，除滔天之灾，使注东海，无漫溺之患，此勾股之所系生也，"就是说：大禹为了治理洪水，使不决流江河，根据地势高低，决定水流走向，因势利导，使洪水注入海中，不再有大水漫溺的灾害，是应用勾股定理的结果。根据这点，我们可以说，禹是世界上有史记载的第一个与勾股定理有关的人。这样，在教学中巧妙地融入了数学史知识，增添了课堂气氛，激起了学生对数学的热爱，增强了民族自豪感。

第二节 初中数学教学中渗透中华优秀传统文化的思路

在浩瀚如烟的历史长河中，我国在文学、音乐、数学及天文等方面传承了形式多样的中华传统文化。这些文化在数学领域都具有浓厚的民族文化底蕴。为此，初中数学教师应在日常教学中，以中华优秀传统文化为载体，让数学教学绽放魅力色彩。

农村学校特色互助思与行——中华优秀传统文化与初中数学教学的融合研究

一、知识相融，丰富课堂教学内容

要求教师具备一定的想象力与联想能力，将数学教学内容与中华优秀传统文化相融合，并对二者内在联系的契合度进行深入研究，使中华优秀传统文化能够为数学课堂教学所用。例如，教师在讲解有关几何知识的内容时，可以借助中华传统文化中的"剪纸"，帮助学生了解几何图形的结构特征，让学生在剪纸过程中明确什么是对称轴，以及对称图形的由来。除此之外，教师还可以带领学生对中国传统建筑物中的故宫、天坛等建筑数据进行分析，或者通过八卦图探究圆与多边形面积的计算方法。这些中华优秀传统文化不但可以丰富初中数学课堂教学内容，而且能对学生产生强大的传统文化冲击，在浓厚的文化氛围中切实感受数学知识的别样魅力。

在教学轴对称图形时，在教学中有机渗透了剪纸的内容。剪纸是一门艺术，让课堂教学内容丰富起来，让学生轻松快乐地学习，同时也让学生感受到布依族老百姓是何等的聪明和智慧。

■ 案例：轴对称（人教版八年级上册）

课堂教学实录：

片段1 情境引入

师：法国伟大的作家罗曼·罗兰曾说过："对于我们的生活，不是缺少美，而是缺少一双发现美的眼睛。"我在生活中就很留意我身边美的事物，我搜集了一些图片，今天拿出来和大家一起分享一下。观察下面几幅图片（出示图片），观察它们都有些什么共同特征。

师：你能告诉老师这三幅图是什么吗？它们有什么共同的特征？

生：京剧脸谱、鱼的吉祥图、天坛。

师：这些都是我们传统文化的结晶，非常美，体现了一种对称美。

设计理念或意图：让学生在博大精深的优秀传统文化中体会对称之美，感受到自然界的美与和谐。

片段2 探究新知

师：随着生活水平的提高，汽车作为一种交通工具走进千家万户，方便我们的出行。对于汽车，老师相信同学们认识不少，下面让老师来考考大家。

师：第一幅图是什么品牌的汽车？

生：广汽本田。

师：不错。

师：第二幅图呢？

生：雪铁龙。

师：第三幅图呢？

生：广汽丰田。

师：第四幅图呢？

生：大众。

师：第五幅图呢？

生：奥迪。

师：第六幅图呢？

生：奔驰。

师：第七幅图呢？

生：是三菱。

师：看来同学们对各类汽车品牌还是非常了解的。

师：下面，请同学们进一步仔细观察这些汽车品牌的图形，它们有什么共同的特征？

生：发现它们的两边都一样。

师：噢，你发现了它们两边都一样。还有谁可以说说？

生：发现它们都是对称的。

师：你发现了它们都是对称的，那你能把"对称"再讲详细一点吗？

生：两边能够完全重合。

师：嗯，他说到两边能够完全重合，你们想一想是这样的吗？

生：是。

师：说得非常好！那怎么样才能重合呢？

生：把两边的对折就能重合。

师：沿着哪儿对折就能重合呢？

生：沿着中间的一条线对折才能重合。

师：他讲得非常透彻，这些图形如果沿着一条直线折叠，直线两旁的部分都能够完全重合，像这样的图形就叫作轴对称图形，这条直线叫作对称轴。

师：这就是我们今天要学习的内容

（教师板书课题——轴对称图形。）

师：根据同学刚才的回答，我们来归纳一下轴对称图形的概念。

概念：如果一个图形沿着一条直线折叠，直线两旁的部分能够完全重合，那么这个图形叫作轴对称图形，这条直线叫作对称轴。

> 设计理念或意图：经过学生讨论，找到特征后，引导学生归纳轴对称图形的概念。

师：要注意这里的几个关键词：一个图形、一条直线、折叠、完全重合。

（教师用不同的颜色在多媒体中将关键词与其他字加以区别，以达到醒目的目的。）

师：现在我们以一张 A4 纸为例做一个现场演示，请大家仔细观察。

（教师用剪纸方式演示，以剪纸方式为例完成一次简单的折叠和展开演示过程，再次论证什么是轴对称图形和对称轴。）

师：你发现了什么？

生：发现折痕的两侧一模一样。

师：折痕可不可以看作一条直线？

生：可以。

师：我们把折痕形成的一条直线叫作对称轴。

师：请同学们欣赏美丽的剪纸艺术作品。

小贴士：剪纸，是遍布于我国传统民间社会的一种特有的民俗文化形式，至今已有三千多年的历史。剪纸是中华民族文化的重要组成部分，其创作者和功能之多、流传之广、影响之深、价值之大，都是其他艺术种类无法相比的。剪纸是一门极简艺术，纸张在剪刀的每一次接触中改变自身的形态。中国民间剪纸的传承主体是中国亿万的劳动妇女群体，但是，由于剪纸创作者的文化水平以及审美水准普遍不高，剪纸在中国艺术史上占不到应有的地位。剪纸如同漫山遍野的野花，凭其朝气蓬勃的旺盛生命力，在人民的生活中年复一年地开放与生长，是一种民间自发传承的文化现象（渗透中国传统文化）。

> **设计理念或意图**：让学生不仅能学习数学知识，还能了解中国传统文化中的剪纸艺术，引发学生学习的积极性和民族成就感。

师：对称现象无处不在，从自然景观到分子结构，从建筑物到艺术作品，甚至日常生活用品，人们都可以找到对称的例子。

师：现在拿出你手里剪好的纸片，动手折一折，看看哪些图形能重合在一起，哪些不能重合在一起。

（学生动手折叠，教师巡视，巡查学生折的情况。）

师：折好没有？你发现了什么？

生：我发现正方形、长方形通过折叠可以重合在一起。

生：还有圆形、等腰三角形、等腰梯形通过折叠可以重合在一起。

师：哪些不能重合在一起呢？

生：一般的梯形和一般的三角形不能重合。

生：平行四边形也不能重合。

师：同学们折得都很好，下面请同学们思考并回答，正方形、长方形、等腰梯形、等边三角形、圆是轴对称图形吗？如果是，请你找出它的所有对称轴。

生：正方形是，它有四条对称轴；长方形是，它有两条对称轴。

生：等腰梯形是，它有一条对称轴；等腰三角形是，它有一条对称轴；等边三角形也是，它有三条对称轴。

师：圆有几条对称轴？折折看？

生：有无数条。

师：回答得很好，为自己的表现鼓鼓掌吧！每个人都很棒！

师：那你能举出我们日常生活中常见的轴对称图形的例子吗？

生：有门、剪子。

生：还有蜻蜓、飞机、衣服、眼镜。

师：噢，这些实物都具有轴对称的性质，其实还有很多，比如阿拉伯数字哪些是轴对称图形？

生：有0、8。

师：英文字母呢？哪些是轴对称图形？

生1：有A、B、C、D、E。

生2：还有H、I、K、M。

生3：还有O、T、U、V、W、X、Y。

师：其实我们中国有着五千年的文明历史，我们祖先创造的方块字中也有很多是可近似看作具有轴对称性质的，你能举出一些吗？

生：有口、中、由、工。

生：还有大、尖、小、甲、回、吕。

生：还有本、山、天、田、日、木、目。

师：同学们列举得真多，其实还有很多，课下有时间我们接着再说。

师：下面我们再做一个活动。拿出你准备好的白纸，在纸上先折一条折痕，在折痕处滴一滴墨水，再将纸迅速对折、压平，用手指压出清晰的折痕，将纸打开铺平，观察所得到的图案并思考，你得到的图案像什么？它有什么特征？以小组为单位，开始这项活动。

（教师给每组的纸上都滴上一滴墨水，并对个别小组进行活动指导。各小组分别进行墨水折纸活动。）

师：哪组完成了，拿来展示一下？（教师选一组来展示一下。）

师：看这组的图案像什么？

生：像一个牛头。

师：它有什么特征？

生：它是轴对称图形。

师：它的对称轴在哪？

生：就是那一条折痕。

师：还有哪一组愿意展示？（教师再选一组来展示一下。）噢，看这一个图案像什么？

生：像一只蝴蝶。

师：它又有什么特征？

生：它也是轴对称图形。

师：那它的对称轴又在哪儿呢？

生：折痕是它的对称轴。

师：同学们完成得都很棒，老师问你们，你们对轴对称图形的性质都掌握了吗？

生：都掌握了。

师：那我们来看下面这道题，观察下列图案的规律，试着画出后面一个的图案。

师：仔细观察这些图案，你发现了什么规律？

（多媒体展示图片，引导学生观察其中的规律。）

生：这些图案都是由数字组成的。

生：并且是相对的两个数字组成的。

师：那你能试着画出后面一个的图案吗？

生：可以。

找学生上台作图，并给予评价。

设计理念或意图：强调对称轴的概念，同时深化对称轴条数的问题。

片段3 例题分析

例1.观察下列各种图形，判断是不是轴对称图形，若是，请画出对称轴。（答案略。）

例2.如图2-1所示，将一张正方形纸片对折两次，并剪出一个菱形小洞后展开铺平，得到的图形是（　　）。

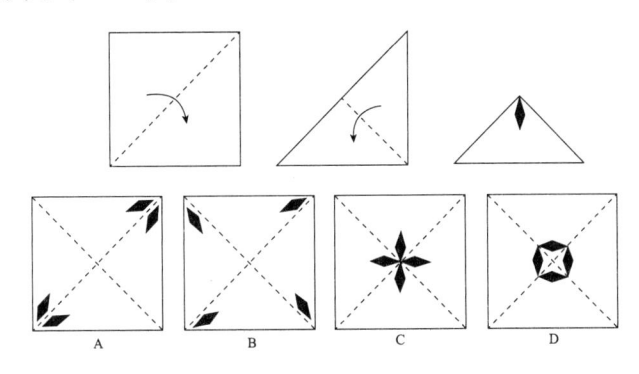

图2-1

设计理念或意图：学生观察图片，在独立思考的基础上进行交流，共同总结每对图形所具有的特征，学生可能发现，沿某条直线对折，两个图形能够完全重合；从典型例题的分析中，感受知识点的考察方式，找到一些典型例题的解题方法。

片段4 练习巩固及课堂总结

如图2-2所示，下面的图形是轴对称图形吗？如果是，你能指出它的对称轴吗？

图2-2

设计理念或意图：学以致用，增强对中华优秀传统文化的了解，加深学生对知识点的巩固。

课堂总结：

师：本节课我们都学了哪些内容呢？

生：本节课我知道了什么是轴对称图形。

生：这节课我学习了轴对称图形和对称轴的概念，还学习了如何判断一个图形是不是轴对称图形。

生：这节课我学习了可以用折叠的方法去判断一个图形是不是轴对称图形。

生：本节课我还学习了如何画轴对称图形。同时我们亲身体验了中华优秀传统文化的博大精深，既让我们欣赏美的画面，又让我们学习到知识，我太喜欢了。

师：同学们学习的内容真多，你最感兴趣的是什么？

生：我最感兴趣的是找对称轴。

生：我最感兴趣的是刚开始放映的美丽的图片。

生：我最感兴趣的是可以利用轴对称图形画自己喜欢的图画。

师：同学们说得都很好，所以在我们的生活中，还有很多的对称美，只要我们有一双发现美的眼睛，美是到处都有的！

（一）教学体验

1. 创设情境激发兴趣

本课例通过创设学生熟悉的京剧脸谱、天坛及车标等情境，从具体的学生感兴趣的物体中，让学生自己发现问题、提出问题，体验探索成功的快乐；学生通过动手操作、小组讨论来解决自己提出的问题；通过有层次的练习，提高学生解决问题的能力，让学生巩固所学知识。本堂课借助多媒体技术，从学生熟悉的生活入手，以剪纸活动入手，让学生能直观地感受和认识轴对称图形的特点。

2. 总结经验提升能力

本课值得推广的经验：重视基础，从实际生活中进行联想，对生活中的实物进行抽象，并灵活应用所学知识来解决几何问题；自主动手，将数学知识应用到生活中。同时，在课堂实践过程中出现以下不足：

（1）前松后紧。由于前面剪纸、观察图形特点、分析搜集图形是否为轴对称图形、找对称轴，以及介绍基本几何图形的轴对称性花费时间过多，活动时间过长，导致轴对称图形与成轴对称两个概念的区别没能处理得当，今后的教学中，教师在设计学生活动时要有时间概念，活动的目的性要强一些。

（2）学生的表达能力还需要教师在平时的教学中加强引导和锻炼，尤其是几何的符号语言能力，需要教师在潜移默化中去影响学生，加强平时的积累。

（3）相关的配套练习题做得较少，学生对所学知识的利用不够好。

（二）教学思考

1. 五育培育

案例中将中华优秀传统文化京剧脸谱、天坛及民族民间文化剪纸等巧妙地渗透，学生感受到到古人的劳动智慧，感受到传统文化的博大精深，感受到自然界的美与和谐，激发了学生的爱国情怀，学生受到美的熏陶，在教学中也让学生的思维品质得到锻炼。

2. 引导学生思考

案例中体现了引导学生积极思考的环节。如在教学情境中提问你发现了什么，你有什么样的感想，等等。

3. 引导学生表达

案例中，积极引导学生用口头语言或书面语言把想法说出来。如你发现了什么，本堂课你学到了什么，等等。

二、贯通古今，领悟传统文化色彩

祖冲之、墨子、刘徽等我国古代数学领域的优秀数学家，都是值得世人敬仰与敬佩的人，且流传至今的《九章算术》《海岛算经》《张丘建算经》等著作，在数学知识方面的圆周率、分数法则及黄金分割点等理论，是我国引以为豪的数学成就。

教师在授课期间可以将这些数学文化内容融入其中，在协助学生构建数学知识理论体系的同时，领悟中国传统文化的博大精深。

例如，教师在讲解有关"平行四边形"知识内容时，可以采用古今结合的教学模式，带领学生共同探究古代数学家刘徽是怎样采用出入相补的数学原理计算平行四边形的面积的；教学"对称轴"时介绍京剧脸谱、剪纸、天坛及故宫等，学生可以感受到古代劳动人民创造的灿烂文化；教学"一元一次不等式"时可以渗透鲁班发明锯子的故事，让学生感受到类比的数学思想，这样，一元一次不等式就可类比一元一次方程来解答，学生可从一个生疏的问题联想到熟悉的问题。

长此以往，学生在各种教学方法的感召下，在贯穿古今的数学文化领域中产生浓厚的学习兴趣，提高自身数学学习成效。

三、挖掘课本，营造传统文化氛围

经改编的初中数学教材，都是专业人员精心编写的数学知识内容，教师应深入研读数学教材，充分挖掘课本中蕴藏的传统文化，将该文化作为教学案例传递给学生，让学生进一步了解中华优秀传统文化，理解中国数学发展史进程。在课堂教学期间，教师应遵循现在的数学教学体系，积极开展多元化数学教学活动，将传统文化自然而然地融入其中，使数学知识内容与传统文化浑然天成，毫无突兀感可言。为此，数学教师可以与学校联合举办古典数学文化节、数学名人演讲等数学文化活动，为学生营造良好的传统数学文化氛围，并使学生在该种氛围中更加深入地接触中华优秀传统文化，满足学生对古代数学的探究心理，使学生切实感受数学文化的东方魅力。除此之外，数学教师应充分利用课后延时服务，创办与传统文化相关的趣味第二课堂，设置"华容道""九连环""孔明锁""珠算""七巧板"等益智类数学课程，还可以创设解密中国数学史、古今数学家奇闻趣事等史学类课程，学生则根据自己的实际情况以及兴趣爱好选择课程。这样既能增加数学教学的趣味性，还能为学生打造别具一格的实践探究课程，使学生在动手动脑中养成了解数学、探究数学、认知数学的好习惯。

四、有效渗入，提高数学文化素养

教师要想在数学教学中有效渗入中华优秀传统文化，应遵循以下教学原则。

一是潜移默化原则。数学具有一定的学科特点，所包含的中华优秀传统文化均属于隐性文化，这些隐性文化需要教师在渗透时，采用潜移默化的形式对数学课堂予以整体把控，为提高学生数学文化素养奠定基础。

二是持之以恒原则。数学文化内容的渗透属于长期教育工程，教师只有进行长时间的文化熏陶感染，才能使学生的数学文化素养渐渐提升。

三是符合学生身心发展原则。任何形式的教学都以学生身心发展需求为基准，若教师未能从学生实际情况入手，学生便无法对教师讲解的中华传统文化予以理解，也不能深入感受中华传统文化的独特魅力。这就要求教师在学生知识接受能力的范围内，构建促进学生身心健康成长的高效课堂，使其为学生德育、智育、美育的培养提供强有力的支撑。

五、挖掘地方民族民间文化，激发学生兴趣

民族的就是世界的。对于生活在民族地区的少数民族学生，他们对本民族的文化相对熟悉和认可。针对本区域实际，布依族学生占据相当大的比重，布依族文化中，布依族的服饰文化、建筑文化、生活文化、曲艺文化及饮食文化等丰富多样。在教学中，教师充分挖掘布依族这些文化中的数学元素和数学思想，并在教学中巧妙地渗透，可以更好地传承布依族优秀的文化，可以培育学生爱家乡的情怀，可以让学生记住乡愁，找到回乡的路，可以激发学生的学习兴趣，同时也可增进民族的认同感，促进民族团结，弥补教材中的不足。

例如，在教学"两点确定一条直线"时，向学生介绍布依族木匠使用的墨斗，制作小视频播放布依族木匠使用墨斗画线的过程，把墨斗带到课堂上，简单介绍墨斗的画线操作方法和作用，通过教学，学生明白了"两点确定一条直线"这一原理，感受到了布依族人民的聪明和智慧；在讲述概率的基本概念时，我们可以先讲布依族的鸡骨占卜；教学轴对称时，可以借助布依族的服饰中的图案，如蜡染图案、刺绣图案，等等；学习三角函数时可以让学生用所学知识解决布依族吊脚楼中的数学问题；在讲述类比思想时，可以给学生讲讲布依族民间故事"甲金故事中的公鸡下蛋"，教学三视图时可以介绍布依族生活中的用具，如布依斗笠中的三视图；布依铜鼓可在教学垂径定理、对称、圆的面积计算及周长计算中渗透，等等。这些既丰富了课堂内涵，又增强了学生对知识的理解，激发了学生的学习兴趣和自信心。

民族民间文化中的布依铜鼓是布依族传统乐器，是布依族学生熟悉的东西，现在，每到布依族的传统节日，都会进行铜鼓表演，以增添节日欢乐的气氛。为了让

学生更加热爱布依族的文化，应保护民族文物，并挖掘民族文化中的数学元素，教育学生用所学知识解决生活中的数学问题，既激发了学生学习数学的兴趣和欲望，又让学生受到对称美的教育，培养了善于观察的习惯。只要擦亮眼睛，处处都有美，处处都有数学。

综上所述，初中数学教学中渗透中华优秀传统文化，可以为学生构建丰富多彩的数学教学形式。为此，教师应做好数学知识与传统文化的有效衔接，促使学生在中华优秀传统文化的感召下，形成良好的数学文化知识素养，强化文化传承意识，为学生全方位健康成长奠定基础。

第三节 初中数学教学中渗透中华优秀传统文化的模式

随着时代的快速发展，人们对中华优秀传统文化的教学不断深入，为了不断增强文化自信，落实立德树人的根本任务，进一步推进对初中生的全面培育，作为初中数学教师，笔者积极探索，创新学科教学理念，总结了在数学教学中渗透中华优秀传统文化的模式。

一、在初中数学教学中融入数学史

学校教育是人类社会文明发展到一定程度后能够快速使少年儿童掌握人类文明精华的有效手段，也是弘扬中华优秀传统文化的重要渠道。然而，在现代课堂上，特别是民族地区农村初中的数学课堂上，教师更多的是关注知识、方法和技能本身的训练和掌握，是一种"掐头去尾烧中段"的投机方式，学生往往不清楚某些数学知识的来龙去脉，也就不能真正理解并享受数学之美。古人云："以史为鉴，可以知兴替。"在日常教学中巧妙渗透数学史，能达到激发数学学习兴趣、提升数学文化素养、促进学生全面发展的目的。数学学科的产生源自人类的生产和生活，经过人们不断的归纳总结，形成了一个又一个数学模型，因此人类社会的发展推动了数学的发展，一代代数学家对数学问题的研究又反过来推动了社会的进步。美国著名的数学史家卡约黎指出，一门学科的知识能够激发学生的学习兴趣，使他们树立正确的价值观。数学史对于数学教学来说就是一种十分有效、必不可少的工具[7]，能让学生体会到"数学好玩，玩好数学，玩数学好"。

二、农村初中数学课堂教学过程中渗透中华传统文化

（一）课前情境渗透

在讲"圆与直线的位置关系"知识时，让学生借助互联网搜集整理与此有关的古诗词、数学谜语或传统活动等内容，从这些准备中使学生的知识面得以延伸，进一步对民间传统游戏活动加深了解。比如，王维《使至塞上》中有一句诗是"大漠孤烟直，长河落日圆"，其后半句刻画了圆和地平线从相离、相切到相交的关系，而前半句把"孤烟"视作直线，"大漠"视作平面，恰好勾勒出立体几何中"直线与平面垂直"这一空间关系，让学生从一幅画卷中欣赏到"大漠孤烟直，长河落日圆"的意境美！在民间传统游戏活动中，"滚铁环"也是一个好素材、展示滚铁环这个游戏活动的视频图片，引导学生仔细观察，不但可以让学生勾起儿时的记忆，而且可以缓解紧张的课堂学习气氛。课前准备环节，这两个素材均可以作为情境导入使用，也可以将"长河落日"诗句设计成试题，对"圆与直线的位置关系"加以考查。在教学有理数的乘方时，在黑板上出示一个数学谜语——数学老师的教鞭（打一数学名词），使学生带着疑惑，通过自学，从书中领悟数学名词的意义，课堂上才会集中精力沿着教师设置的教学流程，从特殊事例（指已有的认知模型正方形或正方体）中抽象出面积公式和体积公式，解释其表达的意义，逐一过渡到讲解乘方的意义，进一步指出式子 a^n 中的 a 和 n 的名称，使得谜底揭晓（指数）。可以告知学生在五千年的中华优秀传统文化中，谜语（或灯谜）是具有中国传统风格、富有联想的文字游戏，其寓意深邃，涉及的知识面广，发挥着遣兴益智、陶冶情操、涵养身心、博雅添趣的作用。

（二）在数学活动中有机渗透中华优秀传统文化

在数学活动中有机渗透中华优秀传统文化能够寓教于乐，激发学生学习数学的兴趣和自信心，培养学生应用数学的意识和能力。我国古代人民对数学的发展做出过许多杰出贡献，传统文化中蕴藏着许多丰富的数学活动资源，可以在数学活动中加以运用。著名的"九宫算"就是其中之一，这种图形填数，我国古代称为"九宫算纵横图"，国外称作幻方。"九宫图"就是将 1~9 共 9 个数填在 3×3 的小格内，它是一个三阶幻方。在学习了有理数的加减运算后，可以开展这样的活动：在 9 个格内，分别填入数字，使横竖相加、对角相加的得数一致。让学生在参加活动的同时，感受中华优秀传统文化，熟练掌握有理数的加减运算。"石头、剪子、布"，也

就"猜拳",也是由中国人发明的。按照明朝人谢肇淛所写的《五杂俎》,猜拳的传统可以追溯到汉朝的手势令。在学习"概率"相关内容时,让学生进行"石头、剪子、布"游戏,使学生对概率的内容有了亲身的体验。同时,在游戏前,向学生说明游戏的起源和发展,对学生来说也是一个很好的教育机会。[8]

(三)在习题练习中渗透传统文化

在学校自编的数学习题册中,可以将题目与传统文化有效结合,渗透传统文化。例如,可以将剪纸艺术与图形的对称性结合起来,让学生在欣赏我国剪纸艺术的同时,发现数学与传统文化的切合点。在"图形的对称性"这节课的课后练习中,可以利用京剧脸谱、风筝及天坛等图片,同时也可以介绍布依族的剪纸、建筑图案、服饰图案等。为提高学生对于传统文化的认知,教学中应对这些图片进行标注和注释及在注释中阐述图片背后的文化的发展历程、现实应用等,让学生在做题时有机会接触传统文化内容。

总之,五千年中华文化源远流长,初中数学教学也应担负起传承民族文化的重要职责。在数学课堂中,渗透传统文化教育的方法是多种多样的。我们要让传统文化渗透到教学实践中,努力让学生在学习数学的过程中,受到中华优秀传统文化的浸染,产生共鸣,为成长成才奠定坚实的基础。

第三章
在渗透中华优秀传统文化教学中感受美

数学既具有科学真理性，又具有数与形的独特美。在课程教学实践中，数学美越来越受到人们的重视。利用教材，让学生感受数学内容之美；介绍数学史，让学生欣赏历史上的数学美；将课堂教学融入生活，让学生享受生活中的数学美；动手实践，让学生创造数学美。深入挖掘和提炼数学中美的因素，向学生展示数学美，激发学生的爱美本性，使学生在美的意境中受到感染和熏陶，并用美的眼光去学习数学，探索数学。

第一节　在数学教学中渗透美育

数学的图形、结构、布局和形式无不体现出数学中美的因素。在当代数学教育中，数学美也越来越受到人们的重视。数学教师应当抓住课堂这个阵地，不失时机地向学生展示数学之美，培养学生领悟数学美、欣赏数学美、创造数学美。

一、利用教材，渗透中华优秀传统文化，让学生感受数学内容美

数学美不是一个抽象的概念，教师应当善于用美的眼光审视教学内容，去挖掘、整理教材中的数学美，并根据学生的审美心理特点，在课堂中处处创设美的氛围，寓美学教育于教学知识之中。

例如，教材中的主题图、解决问题中的情景图等，其目的之一，就是在学生的心灵深处唤起一种美的享受，揭示教材美的内涵，充分调动学生积极性，提高教师在课堂中的教学效果。

又如，数学语言是数学知识的重要组成部分，又是数学知识的载体。各种定义、定理、公式、法则和性质等都是通过数学语言来表述的。数学概念则是数学语言的精髓，学生对数学概念的理解、掌握，实质上是对数学语言的理解、掌握。例如，直径的定义是"通过圆心，并且两端都在圆上的线段"，对半径的定义是"连接圆心和圆上任意一点的线段"。这样的语言简洁、明了，可以让学生充分感受到数学语言的精练、严谨、准确之美。

再如，符号化思想在初中数学内容中也随处可见。学习了运算定律和几何图形周长、面积和体积的计算方法后，可用公式来表示它们的数量关系，使学生体会到数学的简洁美。例如，用字母 $d=2r$ 和 $r=d/2$ 表达直径与半径之间的关系，通过符号表示，使数量关系显得简洁美观。在教学中，教师有意识地强调符号化思想的简洁

美，会使学生获得对数学符号化思想的更深刻的领悟。

二、介绍数学史，让学生欣赏中华优秀传统文化历史上的数学美

古今中外著名的数学家，虽然所处年份、经历不同，但都充分体现出为探索科学真理而不懈追求的美德。如在教学圆的知识时，介绍圆的发展历史，早在2 400多年前，我国古代学者墨子就对圆有了精辟的描述："圆，一中同长也。"这句话的意思是圆有且只有一个中心，从圆心到圆周上的任何一点距离都相等。教师对圆的教学，不能只停留在书本的知识，而是要将圆的历史研究成果呈现给学生，既使学生的视野在时空上有了更广阔的延伸，又使学生感受到我国古代学者在数学研究上的孜孜不倦的科学探究精神。

三、融入生活，让学生在中华优秀传统文化中享受生活中的数学美

数学源于实践，和大自然、社会生活紧密相连。数学教师应当带领学生到大自然中去认识美、发现美。在生活中，造型各异的建筑结构、自然景观都与几何图形有关联。

教师在讲授圆这一课时可以说，因为有了圆，世界才变得如此美妙而神奇。其实，在人类生活的每一个角落，圆都扮演着重要的角色，并成为美的使者和化身。伴随着优美的音乐，如下的画面一一展示在学生眼前：阳光下绽放的向日葵、生活中的圆形拱桥、中国著名的景德镇瓷器、传统的剪纸艺术、八月十五的月亮，以及奥运会的五环标志等。丰富多彩的数学学习中，层层铺染，不断推进，通过欣赏，圆所具有的文化特征浸润于学生的心田，成为学生学习成长的源泉，让数学课堂美丽动人起来。

四、动手实践，让学生创造数学美

数学精神是学习数学、发展数学和应用数学的根源所在。而数学精神的培养过程就是数学美的创造过程，也是数学美的升华。因此，在数学教学中要经常采用"实践—认识—再实践"的规律去体验美、欣赏美，形成对数学美的规律性认识。

例如，教师讲授对称图形这一课时，让学生感知对称图形的美后，给学生介绍剪纸，让学生动手剪一剪对称图形，在对作品进行创作、品评和欣赏的过程中，学生兴趣盎然，最后教师又让学生当小小设计师，运用对称美来装饰自己的衣服、手

套和拖鞋等，学生的创造激情一下子被激活了，因为美感里包含着对创造美的成就感，以及对自身力量和价值的体验，这样的过程更是充满美的魅力，成为学生积极进取、自我完善的过程。

总之，在教学中要以美学教育为己任，充分利用教材、资料，挖掘中华优秀传统文化中的资源，以及各种教学手段，在平时教学中也要深入挖掘和提炼数学中美的因素，向学生展示数学美，激发他们的爱美本性，并使他们用美的眼光去学习数学，探索数学，最终完成对数学美的创造。

第二节 在数学活动中感悟数学美

数学课堂是严谨的、理性的，但数学更是思维碰撞、智慧飞扬和富有创造性的课堂，要想让学生真切地感受到数学美，就要营造课堂气氛，努力改进教学，让数学学习变得快乐，成为一种享受、一种美的追求。

一、感悟教材之美，唤起美的意识

数学是壮丽多彩、千姿百态、引人入胜的。教师应充分运用数学美的诱惑力，引起学生浓厚的学习兴趣和强烈的求知欲望，使抽象、复杂的数学知识得以形象化、趣味化。

（一）感受简洁美

数学符号是最简洁的文字，表达的内容极其广泛。学习了"数怎么不够用了"，学生了解了用字母可以表示任何一个整数、小数、有理数、无理数；学习了解方程，学生懂得了用方程可以解决以前觉得复杂的问题，而且用符号表达的方式能节省大量的文字，如图形的面积计算公式、运算定律等，简洁明了，把列方程解应用题的步骤概括为"弄清题意设未知，找出等量关系式。列出方程并求解，检验正确写答语"，充分体现了数学语言干练、简洁的特点。

（二）感受人文美

要关注数学与生活的联系，如在圆这一课的教材安排中，通过生活中熟悉的实物的引入，激发学生的学习兴趣，使其建立对圆的初步印象，并感受数学知识和生活的联系。教师只需因势利导，就会让数学课堂充满人文色彩。

（三）感受生活美

数学来源于生活，与生活有着重要的联系。如教学"轴对称"时，课前，让学生收集身边对称的图形拍照发给老师，学生很认真，有的收集到了布依族服饰，有的收集到布依族的石窗图、图腾图、石盆图、布依铜鼓图、山水倒影图等。这些图片很美，在生活中很多地方都都有轴对称图形，只要仔细观察，就会有发现。把收集到的轴对称的实物图片整理好，让学生们一起来欣赏，让学生感受生活中处处有数学的美，数学就在我们身边。

（四）感受图形美

几何图形也是一种美。例如，用"赵爽弦图"证明勾股定理，根据证明思路，制作成动画，学生在观看对图形的切割、拼接的过程中，明白了巧妙地利用面积关系证明勾股定理的方法，既学到了知识，又感受到"赵爽弦图"之美。为此，几何图形的教学中要挖掘中华优秀传统文化中建筑、服饰等中的几何知识，逐步引导学生发挥他们的想象力，不仅可以实现知识技能的训练，也锻炼了学生主动探究的精神，学生受到图形之美的浸润，感受到数学很有意思，从而激发学生的学习兴趣。

二、感受情景之美，给学生美的熏陶

利用多媒体辅助教学的优势，可以为学生营造一种愉悦的氛围，在轻松的氛围中引领他们进入数学知识的学习，进而激发学生的求知欲。教师可以搜集一些中华优秀传统文化中的建筑文化、服饰文化、曲艺文化及民族文化中美的图片，拿出来和大家一起分享，比如各种车标的图形，为学习新知识打下坚实的基础。

三、体验活动之美，产生美的感受

在数学活动中感受美、欣赏美是《义务教育数学课程标准（2022年版）》所倡导的重要观念。如进行轴对称的教学时，让学生准备一张 A4 纸，自己设计"对称"，教师以剪纸方式为例完成一次简单的折叠和展开演示过程，再次论证什么是轴对称图形和对称轴。在活动过程中，学生学会了表达和倾听，发展了他们的数学交流能力，获得了良好的情感体验。

四、展示评价之美，创造美的环境

《义务教育数学课程标准（2022年版）》指出，对数学学习的评价，不仅要关注学习数学的结果，更要关注学生的学习过程；不仅要关注数学学习的水平，更要关注学生在数学活动中所表现出来的情感与态度，帮助学生认识自我，建立信心。师生要共同分享彼此的思考、经验与知识，交流彼此的情感经验与认识，丰富教学内容，从而达成共识、共享、共进。教师要注意营造宽松、民主的教学氛围，鼓励学生说出自己的所思、所想、所困、所惑，允许学生在数学课堂上讨论数学课外的问题，让他们充分发表意见，无拘无束，畅所欲言。

第三节　在探索过程中发现数学美

心理学有关研究提示，学生对变化多端与新奇的事物容易产生兴趣。数学的奇妙美会给人一种奇特和新颖的感觉，颇有"出乎意料"和"令人震惊"的意味，能像文学作品和珍贵奇异的艺术作品一样扣人心弦，给人以美的享受。

一、创设实践体验情境，让学生体悟数学实用之美

数学来源于生活，与我们的生活密不可分，教学中经常用数学来解决现实中的问题。[10]例如，在教"相似三角形的判定"这部分知识后，笔者组织学生运用所学知识去解决生活问题。在操场上，教师向学生提出"用自己的身高，怎么测出教学大楼的高度"的问题。问题一抛出，学生兴趣高涨，通过教师的巧妙引导，同学们提出人的身高与影子的长度可以构成三角形，同样，教学大楼的高度与影子的长度也可以构成一个三角形，而同一时间，这两个三角形相似，量出人的身高和人影的长度以及教学大楼影子的长度，就可以计算出大楼的高度。通过教学，学生发现了生活中的数学，也感受到了数学的实用之美，达到了教学的目的，也使学生切身感受到了数学在生活中的实用价值，从而激发了对数学的学习兴趣。

二、创设生活情境，让学生体验数学趣味之美

数学就在身边，布依族的饮食文化中，蕴含着数学元素、数学智慧，同时也蕴含着数学之美。例如，布依族传统节日六月六所做的美食花糯米包含着数学的比例知识，布依族的美食"八大碗"蕴含着排列组合的知识，等等。又如在教学"有理数的乘方"时，播放了制作拉面的小视频，学生感受到数学的趣味之美。

三、在教学实践活动中，体悟数学之美

在教学的实践活动中，学生通过实践、体验，发现了许多美的东西。例如，在教学"轴对称图形"前，要求学生周末回家时拍摄生活中对称的图片。有的拍了校园美术室中的剪纸图案，有的拍了公园的亭子，有的拍了布依族村寨中的石头窗图案。教师将这些图片制成了PPT，在情境导入时进行播放展示，学生被一幅幅漂亮的图片深深吸引，受到了美的熏陶，同时实现了对称的教学。这样，教学任务就能轻松完成，而且学生在活动之中体悟了数学之美。

数学美的奇异性是客观物质世界奇特性的反映，很容易激发学生的学习热情，使人感到兴奋，受到吸引，产生美感。这些都是激励学生克服疑难、不断创新的极好动力。奇异、新颖的外表，又常常蕴含着独特而又有创新性的内容和思想，能给学习者以启迪，帮助其增强求异、创新的能力。因此，数学奇异美是学生创新的内驱力，而学生在创新过程中又能感受到数学的奇异美，两者之间是相互依存、相互促进的。

第四节 在数学课堂挖掘数学美

数学，由于它的抽象与严谨，常使学生有枯燥乏味之感，甚至敬而远之。因此，在数学教学中要不断激发学生的学习热情，坚定他们学好数学的信心。应遵循的数学原则之一，就是美的体验原则，也就是进行数学美的教育，寓教于美，在美的享受中使其心灵得到愉悦，产生求知热情，形成学习的自觉性。

一、授课时展示数学美

美在数学中处处存在。备课时，教师要尽量从抽象的数学知识中挖掘美，把美的数学知识呈现给学生。

例如，在进行"圆"的教学时，可从最常见的自然现象引入，巧妙渗透圆的神奇魅力，激发学生对圆的向往，又无形中渗透了"大自然本身遵循一定的数学规律"这一数学文化的经典思想；同时向学生介绍中国古代关于圆的记载，从宏观的历史视野丰富学生的视域；最后，借助解释自然中的圆和欣赏人文世界中的圆等活动，帮助学生在数学学习中层层推进，努力使圆的文化特性根植于学生心间。再如"轴

对称图形"的教学过程中，教师用亲切的语言营造了宽松、和谐的学习氛围，调动了学生学习的积极性。在创设情景中，教师利用猜谜语的方式使学生知道了轴对称图形，激发了学生学习数学的兴趣，使学生感受到了数学的奇妙；在教学中，教师让学生自主探索、动手操作、合作交流，使整个学习过程处于一种愉悦和快乐的情景中，让学生获得积极良好的体验。

二、习题中发掘数学美

数学的美感，最吸引学生的莫过于成功解题。所以教师在设计作业时，要确立"以美启真，以真引美"的教学思想，把抽象的数学问题通过设计转变为生动、具体、形象的数学练习，让学生从"怕做"变"乐做"。如在七年级数学教学中，可以设计一些趣味数学形式的练习，比如"夺宝游戏""智慧岛"等，而九年级则应侧重让学生感受数学的简洁美，公式、定理及证明过程等尽量化繁为简。数学美感通过学生在一定审美经验上的感知体现出来并反作用于学生，在数学教学中，教师如果能有意识地引导学生发现、欣赏数学美，就会减轻学生心理压力，使学习数学成为一种享受。而后再用数学美的思想指导解题，使学生从解题技巧中感受和发现数学美，并通过优化自己的解题方法来表现和创造数学美，这样不仅可以提高学生的解题能力，还可以培养学生的创造性思维和审美能力。

总之，数学教学中的审美因素很多，应发掘数学自身所隐含的闪光点，运用教学方法和手段，把数学变成"随风潜入夜，润物细无声"式的教学，让学生在学习数学的过程中接受美的熏陶，从中获得美的启示，受到美的感染。

第五节 展示数学之美，陶冶审美、创美情操

数学是一门既美又真的科学，不但拥有真理，而且有至高的美，其含义是丰富的，如数学概念的简洁性、统一性，结构系统的协调性、对称性，数学命题与数学模型的概括性、典型性和普通性。

一、展示数学之美，陶冶情操

数学美的基本内容是对称与和谐、简单与明快、奇异与突变、雅致与统一，而这些内容均渗透在阅读材料中，如人教版教学九年级上册"圆弧组成图案"是七年

级学生十分喜爱的,这些图像雪花,像蜂房,又像九曲回廊,像旋转的电扇叶片,又像装饰好的瓷砖地板,体现了对称美与和谐美,令人赏心悦目。又如人教版教学九年级上册"黄金分割中的黄金数 0.618"是现实世界中美的表现,许多著名的建筑广泛采用 0.618 的比例,给人以舒适的感觉;生理学家认为,当气温为 23 摄氏度时,人感到最舒服,这时人的体温(37 摄氏度)与气温之比是 1∶0.618;教师在讲台上的最佳位置是教室宽度的 0.618 倍;一些名画的主题大都在画面的 0.618;乐曲中较长的一段等于总长度的 0.618 倍;甚至一个体态匀称的人的膝盖到脚底与肚脐眼到脚底的长度之比也约为 0.618。有些美术家说:"黄金分割是解开自然美与艺术美的奥秘的关键。"此外,还有无理数、非欧几何的奇异美,圆周率 π 的形式美,海伦公式的和谐美,等等。教学中应充分挖掘阅读材料中的美育因素,展示数学美的内容和本质特征,把抽象的数学美展现在学生面前,渗透在学生心灵中,从而诱发学生的审美情趣,使他们逐步地感受美、欣赏美、鉴别美,认识到数学是一个五彩缤纷的美的世界,以美的规律和方法获取文化科学知识,陶冶情操,发展形象思维,提高审美素质和创造美的能力。

二、指导数学实践,增强实践、应用意识

新大纲指出,数学教学中要从学生所熟悉的生活、生产劳动和其他学科的实际问题出发,引导他们把数学知识应用到生活和生产实际中去,培养他们解决简单实际问题的能力。新教材对于数学联系并应用于实际也给予充分的注意,编排了基准和正负数、房间装饰与几何、蜂房里的几何学等实际应用方面的阅读材料。但是,由于"应试教育"的影响,数学应用已被忽视很久,致使数学应用意识失落,学生缺乏数学应用能力。因此,应充分运用阅读材料,利用学生所熟悉的生活、生产及科技等方面的实际问题,积极开展数学实验,如估算、测量、存款利息计算、几何图形商标设计,以及市场调查和分析等,从不同角度、不同侧面强调发挥数学在解决实际问题中的作用,尤其重要。笔者曾指导学生用一根皮尺在操场上画一个直角,让学生亲自试验,以证明 3 米、4 米、5 米为边的三角形是直角三角形,并指出,砖匠师傅、木工师傅正是用这种方法,在搞大型建筑时,不用三角板也不用量角器,使得拉出线框每个角都是直角。又如阅读了"月亮离我们有多远""怎样用圆片测角"等材料后,指导学生利用双休日自制放缩尺、测角仪等,让学生用自制工具尝试把图形放大和缩小,测量仰角、俯角和坡度角等,学生在不断的动手操作

中发现问题，就在这一反一复中，学生的动手能力、解决实际问题的能力得到了培养，同时应用的意识得到提升。在我们的数学王国里，有许多美丽的图形、奇妙的公式，有发人深省的数字……数、形、式构成了独特的数学美。几年来的教学实践中，笔者充分挖掘数学教材中的美育因素，激发学生的学习兴趣，提高了课堂教学的效益，在一定程度上提高了学生的数学素质。

三、展示数字美，激趣

在数学大世界中，0，1，2，…，9这十个数字表面看起来非常简单，但由于它们是构成纷繁复杂的数学的最基本元素，所以需要特别研究数字与数学之间的特点、关系。在"数的整除"这一单元刚刚教学不久，笔者就发现学生对于教材中出现的"整数、自然数、约数、倍数"等概念开始混淆，一些学生面对这枯燥的数学更是变得无精打采。针对学生的这种情况，笔者利用数学活动课带领学生欣赏了古代著名的"金字塔"之花：用10个阿拉伯数字和简单的数学符号，构成了一个真和美的花园。待学生看到由十个数字组成的美丽的图形，他们一下子惊呆了，禁不住叫出声来："数学真美啊！原来0、1、2、3、4、5、6、7、8、9这十个数字里还有这么大的学问呢！"笔者看着学生兴致很高，便趁热打铁问学生："想不想把'数的整除'这一单元学好呀？"学生马上响亮地回答："想！"在好奇心的驱使下，学生学得认真、刻苦，尤其是原来难度颇大的求几个数的最大公约数与最小公倍数问题，由于学生对所学材料感兴趣，所以掌握情况比较好。更使笔者兴奋的是，学生通过这一单元的学习，还编出了几个数学童话，如"0和1的对话""质数和合数的小故事"等，在班队活动课上一表演，学生情绪高涨不用说，活动寓教于乐，真是一举两得。从他们热烈的掌声中，笔者知道学生对这一部分知识已经熟练地掌握了。你看，数学课多有魅力！

四、揭示公式美，激疑

美国心理学家奥苏伯尔曾指出，有意义接受学习是学校情境中课堂学习的基本形式。[①] 所谓有意义接受学习，是学习者在教师的指导下，积极主动地接受事物意义的学习。而学起于思，思起于疑，在中小学数学教材中，有大量的法则、定义和

---

① 李惠兴.奥苏伯尔学习理论在中职教学中的应用——以《旅游心理学》为例[J].江苏教育研究：职教（C版），2014(10):3.

公式要让学生掌握，这就需要在课堂教学中运用多种教学手段，调动学生多种感官参与学习，使学生按照生疑（对于新知）—质疑（发现问题）—析疑（尝试分析）—释疑（在教师指导下）这一线索进行认知、理解，最终促使他们掌握所学知识。

记得笔者给学校小学部的数学老师代课时出了一道这样的习题：龙广宁龙希望小学原有学生459人，暑假里毕业了126人，又招收了一年级新生，现在有学生595人，问招收新生多少人？学生开始用算术方法做，但由于这题是逆向思考题，大多数学生都搞错了。这时，笔者引导学生分析数量关系，得出了关系式："原有学生数毕业的学生数 + 又招收的新生数 = 现在学生的人数"。又设招收了 x 名学生，则可列方程459-126+x=595，你看，在这个方程里，数量关系顷刻间便一目了然，学生开始从心里接受这一种显示已知数和未知数之间关系的式子，但怎样来求解呢？在讲解算理时，笔者又借用了一个故事："代数嘛，就像打猎一样有趣，那藏在树林里的野兽，你就把它叫作 x，然后一步步逼近它，直到把它逮住！"听完笔者的故事，学生的疑虑消失了，一种好学上进的学习积极性被调动起来了，他们在解方程时，一直把"x"当作"野兽"，做出来时心里挺高兴。由于学生积极参与了学习过程，课堂教学的效果也因此而提高。

五、挖掘图形美，激乐

数学课有自身的优势，你看，数学王国里走出来的长方形、正方形、三角形、圆柱体和圆锥体等图形，它们形状各异，姿态万千。在学会求它们的面积后，启发学生再次观察这些美丽的图形，能不能采用更简便的算法呢？

六、挖掘教材中的审美因素，对学生进行美的教育

美育对于培养全面发展的21世纪人才，对于社会主义物质文明和精神文明建设都具有深远意义。在数学教学中充分利用数、式、形之间的简捷美、和谐美、对称美和奇异美进行美的教育，可以陶冶学生的美好心灵和培养学生的高尚情操，同时有利于发展学生的思维。因此，数学教师不仅要传授知识，还要充分运用数学中美的教育，提高学生的审美素质。

简捷美。简明就是一种数学美，数学家高斯说："去寻求一种最美和最简洁的证明，乃是吸引我去研究的动力。"[9]数学是研究现实世界空间的形式和数量关系的科学，它是最公正、最客观、最简明的真理。数学的文字语言、符号语言和图象语言

都是最准确而简单的规范化语言。遇到一个困难而复杂的问题，就要引导学生认真观察问题，分析问题，找出解决问题的简捷方法。

和谐美。和谐性是指数学体系的部分与部分、部分与整体之间的内在联系和共同规律呈现出来的协调一致。

对称美。对称指组成某事物或对象的两个部分的对称性，给人以美的感受。数学也是这样，在数学教学中，要充分发掘教材中的对称式的美、运算中的对称美、函数中的对称美，以及几何图形中的对称美。

奇异美。数学教学中要利用有关内容，引导学生去捕捉奇异美，从而引发学生的学习激情。

第四章
渗透中华优秀传统文化的实践感悟

有一位诗人这样说过，如果你种下的是葵花，秋天收获的会是一片金黄；如果你种下的是甘蔗，秋天收获的会是蜜糖；如果你种下的是自己的一颗心，收获的一定是一轮火红的太阳。从哪里来，到哪里去，数学教学中我们渗透中华优秀传统文化，传授中华优秀传统文化，就能收获学生对中华优秀传统文化的热爱，不断筑牢学生的中华民族共同体意识。

第一节　初中数学教学中渗透中华优秀传统文化的体会

新课程标准明确指出，我们不仅要让学生掌握一定的知识与技能，还要注重过程、方法、情感、态度和价值观。所以，让中华优秀传统文化走进课堂已经刻不容缓，要努力使学生在学习数学的过程中真正受到文化感染，产生文化共鸣，体会数学的文化品位。

那么中华优秀传统文化是不是很抽象，学生不易掌握？其实不然，中华优秀传统文化渗透得好，恰恰会提高学生学习数学的兴趣，提高其自身的文化涵养。如初唐诗人陈子昂的诗句："前不见古人，后不见来者，念天地之悠悠，独怆然而涕下。"这是时间和三维欧几里得空间的文学描述。时间是两头无限的，以自己为原点，恰好可比喻为一条直线，天地是平面，人类生活在这悠远而空旷的时空里，不禁感慨万千。数学正是把这种人生感受精确化、形式化，而诗人的想象又可以补充数学的理解。

那么在平时的数学课堂中要渗入哪些优秀传统文化呢？

一、渗透数学思想和方法

数学不仅仅是让学生会计算，会解决实际问题，掌握一定的变换规律和技巧，更要让他们学会数学的规则和变换技巧，让他们终身受益的是思想和方法。课程标准中指出初中阶段的数学思想主要有公理化、符号、集合、模型、化归、恒等、数形结合、函数与对应和无限等；数学方法有比较、分析、综合、抽象、概括、归纳、演绎、类化、转化、变形、对应、假设、猜想、观察、化简、推理和证明等。如在教"鸡兔同笼"问题时，就要结合数形结合的思想，把鸡、兔的总只数用一个个的圈来代替，然后先在每个圈下面画上两条斜线表示腿，再把多余的腿也画上，这样鸡和兔的只数就显而易见了。在进行数学题讲解时要指导学生避繁从简，化生为熟。

二、渗透数学之美

立德树人、五育融合是当前教育的重要使命。初中阶段数学的美学价值主要包括动态美、静态美、对称美、不对称美、直观美、抽象美……如在教对称一课时,可通过欣赏现实生活中的对称物体,让学生从中感受到对称的美,这正是美育的体现。

三、渗透数学的应用价值

数学的文化意义不仅在于知识本身和它的内涵,还在于它的应用价值。因此,在教学中应该加强数学与实际生活的联系,增强数学的应用性,让学生体验到数学的应用价值。

四、渗透数学的历史文化

中华优秀传统文化中包含着丰富的历史文化,在数学教学中可列举一些著名的问题,如"鸡兔同笼""百僧百馍""折绳测井""李三公住店"等,以及古代十部经典数学著作,如《算经十书》《九章算术》《孙子算经》等,让学生感受到数学中历史文化的美。

(1)举行数学家故事的演讲比赛。让学生体会到数学家的成长和思想形成过程中的曲折与艰辛,以及数学家探索时的失败与成功,数学不仅仅是训练思维的学科,也不仅仅是科学研究的工具,它还具有丰富的人文内涵。

(2)编制数学文化报,举行"数学史话"抢答活动,让学生从查资料、图形美化和摘抄数学知识中,了解数学文化的悠久历史。

(3)开展"追寻数学家的足迹"实践活动,进行数学建模初级比赛。

(4)进行数学小论文评比。学生可以就对知识的看法、教学方法、学习方式和教学知识的发展前景等发表见解。

在数学教学中,应借助数学科学的文化价值,对蕴含在数学课程中的思想方法、价值观念和审美情趣加以挖掘与提升,让学生们在数学学习中,感受到数学文化的熏陶,使学生在获得数学知识技能的同时,在过程与方法、情感与态度以及价值观上得到全面和谐的发展,使数学真正成为学生喜欢的学科。

第四章 渗透中华优秀传统文化的实践感悟

第二节 故事教学法在数学教学中的运用

数学课以理性见长，带给学生更多的是"一本正经"的严肃与紧张，容易使学生产生疲倦感。在中华优秀传统文化中有许多包含数学思想的故事，如果在中学数学教学中，适时地引入这些学生喜闻乐见的小故事，能很好地活跃课堂气氛，激发学生学习的兴趣，对教学起到事半功倍的作用。

一、故事激趣

针对中学生爱听奇闻轶事的心理，适当引入一些与教学内容有关的故事、寓言、典故、谜语和趣闻等，可以帮助学生开展思维，丰富联想，变好奇心为浓厚的学习兴趣。

在教"三视图"这一课时，教师通过"盲人摸象"的寓言故事，让学生明白只了解事物的一部分就做出判断太片面了。三视图就是能够反映物体长、宽、高的正投影图，有主视图、俯视图和左视图，其特点是能从不同角度完整表达物体形状。"盲人摸象"的童话故事把学生带到初步感知局部与整体的场景中，既生动有趣，又巧妙地渗透了观察物体的方式、思考问题的方法。

二、故事设疑

用一个与课题紧密相连、充满悬念而又扣人心弦的故事导入新课，会令学生全身心地投入故事情节中去，既能有效地吸引学生的注意力，又能很自然地导入新课，还能启迪学生的心智。

在教一元一次方程时，教师一开始就提出一个问题：有一位老奶奶2004年2月29日过第27个生日，这位老奶奶今年多少岁？就在学生充满疑问时，教师告诉大家学习了一元一次方程，就会明白了。学生的好奇心转化成强烈的求知欲和浓厚的学习兴趣，于是，便自然地展开了新课的教学。

在教学一次函数时，教师先讲述了学生十分熟悉的故事《乌鸦喝水》：一只乌鸦口渴了，到处找水喝。乌鸦看见一个瓶子，瓶子里有水．可是瓶子里水不多，瓶口又小，乌鸦喝不着水，怎么办呢？乌鸦看见旁边有许多小石子，想出办法来了。

乌鸦把小石子一个一个地放进瓶子里.瓶子里的水渐渐升高,乌鸦就喝着水了。接着,教师又问:在乌鸦喝水的故事中,大家看看,若所有的小石子的体积都一样,上升的水面高度与小石子是不是存在一次函数呢?通过上述学习可见,其一,数学知识在生活中处处可见,应该带着浓厚的兴趣去学习数学,而且数学是生产和生活中十分重要的学科,它不仅锻炼思维,还是科学研究的基础学科。其二,数学的学习重在理解数学知识的本质,而不是简单地模仿。数学的学习是生动有趣的,学习中应该发挥主动性思考,理解问题的本质,勇于创新。其三,解题的关键是如何从题目中获取有用的信息。

三、故事解难

教师要向学生渗透一些数学思想方法,培养学生的数学思维。一些智慧故事,如"曹冲称象""乌鸦喝水""道旁李苦"等都蕴含着丰富的数学思想内涵,而且这些题材广泛、妙趣横生的故事能引发学生无穷的遐想,激起学生思维的碰撞。教师如果能正确引导学生对每则故事冷静思索、细心体味,就会给学生很多思想方法上的启迪。

如司马光砸缸的故事,常规的救人方法是让人离开水,但当时的情况又不能办到。司马光急中生智,另辟蹊径,让水离开人。这个故事的启发是有些数学问题,如果从正面入手按习惯思维找不到解题的突破口,不妨变换思考角度,往往就会收到意想不到的效果。

例:将三个周长都是 17 cm 的正方形拼成一个长方形,求这个长方形的周长。如果从正方形的周长出发,求边长,过程比较烦琐。引导学生从另一个角度(逆向思维)出发去思考,拼成的长方形周长就是 8 条正方形的边长,即两个正方形的周长。换个角度思考,这道题就非常简单了。

又如,在教学平行四边形的性质时,教学中引入了古代平行四边形问题的故事。卧龙岗是一处风景秀丽、美景怡人的宝地,诸葛亮就住在这里,他家隔壁的王老汉病重,临死前将两个儿子叫到床前,对他们说:"我死以后,你们把咱家的田地分了吧,我有两点要求:一是你们两个分的田地必须同样多,二是田地中间那口井是先祖留下来的,所以不能分,你们切记。"说完,王老汉就闭目了。

两个儿子安葬了父亲后,想起老父亲临终前交代的事情却犯了难,原来王老汉地的形状是平行四边形,那口井也没有在中间,而在靠近一边的左下角的部位,二人正在犯难的时候，邻居李二给他们出主意说："既然我们都分不了这块地，不如去找孔明先生吧，他肯定有办法。"于是，兄弟两人来到了诸葛先生的家里，将事情的原委讲给他，只见先生沉吟片刻，便说道："你们按照我说做，定能平分这块地，并且不分掉那口井。"原来，诸葛先生首先让兄弟两人到地里画出这块地的对角线，然后将其交点与井口的正中位置相连并延长，从而得到了两块面积相等的土地。众人看到，纷纷赞叹孔明先生才智过人。

将这些故事与数学思想方法有机地整合，既能激发学生对中华优秀传统文化的热爱，培养其学习数学的兴趣，又能激活学生解题的思维。

第三节　顺口溜在数学教学中的运用

顺口溜生动形象，简洁明了，朗朗上口，深受学生的喜爱。在倡导素质教育的今天，引进顺口溜教学，可大大激发学生学习的兴趣。顺口溜对七年级学生来说尤其适用，他们年龄小，生活经验少，注意力不稳定、不持久，好动，思维能力弱，且容易动情。针对这些特点，在数学课堂上利用顺口溜的形式进行教学，更能营造出轻松活泼的教学氛围，让学生在轻松愉快的氛围中理解并掌握数学知识。

一、利用顺口溜教学，培养良好学习习惯

顺口溜中优美的旋律、轻快的节奏以及和谐的情感能给学生以美的享受和情感熏陶，从而使其产生积极的情感效应，养成良好的学习习惯。

如课堂铃声响起时，班里传来朗朗歌声："铃声响，进课堂，学习用具放一放，静等老师来上课，比比哪个坐得好！"通过常规顺口溜使学生明确上课常规要求，做好思想准备，教师一进教室就可以开展教学。课中还可以用一些常规顺口溜来强调要求："老师讲课用心听，同学回答仔细听。边听边想动脑筋，认认真真学本领。"在教学中，还可以用顺口溜等来帮助学生集中注意，提高学习效率。如学生正确回答问题后，可以用顺口溜及时表扬："你真棒，你真棒，你是我们的好榜样。"这样表面上似乎只是表扬某个学生，实质上是鼓励全班的同学积极思考、回答问题，形成良好的学习气氛。用顺口溜指导学生掌握正确的解题方法，为教师和学生都提供了方便。如"题目读几遍，从中找关键。先看求什么，再去找条件。合理列算式，仔细来计算。结果要验算，单位莫遗忘。"久而久之，学生的良好习惯就养成了，

而学生的学习习惯对于学好数学是至关重要的。

二、利用顺口溜教学，激发学生的积极性

数学知识在一些学生看来是枯燥的，其实这都是学生对数学的畏惧心理所致。只有刷新学生对数学的理解，才能为其学习数学奠定良好的基础。在数学教学中若能合理运用顺口溜，就可能使之成为一把打开学生求知之门的钥匙，而且顺口溜的押韵增添了数学的魅力，让学生更愿意去学习数学知识。

七年级的几何图形教学是初中阶段所教授的纯几何知识，要求学生不仅要掌握概念，还要培养空间观念和空间想象能力。教师在课上可以用一首顺口溜谜语来引入这部分知识的学习："小小一个长方体，肚里装着尺和笔，同学们来上学，把它放进书包里。"由此开始认识了解正方体、长方体的特点。

短短的趣味顺口溜，引出了数学知识新篇章，也调动了学生探索数学知识的积极性。学生注意力集中了，在愉悦的心境中进入了学习佳境。

三、利用顺口溜，对所学知识进行归纳整理

归纳总结是课堂教学中不可缺少的环节，在讲完一个知识点后，进行归纳总结能帮助学生进一步厘清思路，加深对所学知识的理解。利用顺口溜进行归纳总结，形象生动，能收到较好的效果。学生学习一元一次方程应用题，细心是关键，方法是重点，可归纳为"一元一次方程应用题要记牢，一读（题目）二看（符号）三思考（顺序），第四计算要仔细，第五检查不可少"。在学习列方程解应用题时，引导学生学习完知识后，把列方程解应用题的方法归纳为"弄清题意设未知，找出等量关系式。列出方程并求解，检验正确写答语"。顺口溜朗朗上口，学生很快就背熟悉了，这样，学生很长时间都不会忘记，并懂得了解题方法。

教师可结合学生的认知特点、兴趣爱好及心理特征等，在不影响知识正确性的前提下，对数学语言进行加工、装饰，创造出通俗易懂、富有情趣的数学顺口溜，使生动、易学、易记的顺口溜成为学生学习生涯中一道亮丽的风景线。

第四节　引导探索、巧妙渗透中华优秀传统文化的思考

黔西南布依族苗族自治州地处滇黔桂三省交界处，是全国布依族的主要聚居地，民族传统文化厚重，民风浓郁，至今还保存着较完整的民族风俗和传统文化。布依族文化中的服饰文化、曲艺文化、建筑文化、饮食文化和生活文化拥有许多的数学智慧、数学元素和数学思想等，这为我们的数学教学提供了丰富的资源，能丰富我们的课堂教学，增强学生的民族自豪感。

一、指导思想

（一）理论依据

引导探索、巧妙渗透中华优秀传统文化是数学课堂教学方式转变的一种形式。它重视学生对知识学习的体验，其理论依据如下：第一，现代建构主义理论。该理论认为，认识是人们借助于自身已有的认知结构能动地建构新知识的过程，从而所有知识都是人们能动的认识活动的产物。第二，"体验学习"思想。该思想认为，学生的知识不是通过教师的传授就能得到的，而是在开放的情境中，在教师引导、学习伙伴的合作帮助下，通过自己亲身实践体验所得到的。

（二）目标功能

通过"引探式"体验课，着重培养学生以创新精神与实践能力为重点的创造性能力，主要通过情感体验和探究实践，培养学生渴求知识的学习态度；培养学生发现问题、提出问题和研究解决问题的创新意识与学习能力；感受数学就在身边，培养学生相互交流、相互合作的精神；通过在教学中渗透布依族文化，发展学生民族团结和热爱家乡的情感。

二、操作程序

数学"引探式"体验课的操作过程可分为"准备""引探""交流""运用""小结"五个过程，其教学流程如下：准备—引探—交流—运用—小结。

（一）准备

"准备"使学生一开始就明确探索问题的意义、要求、途径和方法，这好比在学

生的心灵深处燃起一团火焰，它燃烧着学生强烈的学习愿望，为探索活动做好必要的准备。

（二）引探

"引探"是指引导和探索，就是在教师的引导下，学生根据教师创设的问题情景，通过阅读，实验、观察、猜想、思考等主体活动主动地建构新知识的过程。在教学过程中，教师着眼于引导，学生着眼于探索。

（三）交流

"交流"就是学生在课堂内通过同学之间的相互探讨、教师的启发点拨，发表自己的见解，交流探索成果的过程。通过"交流"，学生对问题的认识更加全面、更加深刻。

（四）运用

"运用"就是学生在验证了探索成果的基础上，运用已得结论来解决各种问题，从中体验"从实践中来，又到实践中去"的辩证唯物主义思想，促使学生的认识得到进一步的发展。

（五）小结

"小结"就是学生将学到的知识重新加以归纳整理，使知识系统化、网络化。

以上五个过程的实质就是教师借助于"引探"这样一种教学方式，引导学生能动地实现认识过程中的两次飞跃，即从物质到精神和从精神到物质的过程。在整个教学过程中，学生通过自主探索、合作交流等学习方式，摆脱了消极、被动接受知识的局面，真正成了学习的主人。

以"圆的轴对称性"一课为例：

（1）先向学生展示布依铜鼓鼓面、布依石磨圆面的图片，让学生感受生活中的圆，接着让学生在透明纸上画一个圆，然后擦去圆心，让学生思考能否找到这个圆的圆心。在折纸的过程中，让学生思考圆是什么图形，有几条对称轴，对称轴是什么。

（2）学生在透明纸上画出圆 O，并沿直径 CD 所在的直线折叠，观察折叠过程，感受图形中的等量关系。

（3）验证猜想：学生分组尝试列出证明过程，教师适时启发引导：要证明上述猜想，关键是证什么？

（4）得出定理，并让学生给定理起个名称。然后让学生思考。

思考1：OE 垂直 AB 于 E，则 AE=BE 吗？

思考2：若只满足 CD 是直径或 CD 垂直 AB，则上述结论还成立吗？

（5）定理的拓展。

问题1：若交换条件与思考1，所得命题是否正确？

问题2：若交换条件与思考2，所得命题是否正确？

（6）交流、小结。

提问：通过这一课的学习，大家有哪些体会和收获？能说说吗？

三、实现条件

（一）对教师的要求

教师要不断更新观念，改造陈旧、落后的数学教学观，不断学习、奋发进取，逐步形成新的数学教学理念。在教学活动中，积极挖掘优秀的民族民间文化，教师既要成为一个探索活动的设计者、组织者，又要成为一个平等的参与者。

教师要根据实际需要，大胆地改变或调整教学内容，使教学内容更具有可探索性，努力为学生营造一个和谐的探索空间，让学生通过自己的实践活动真正体验到知识的再发现和再创造过程。

教师要尊重学生的人格，尊重学生的劳动成果，善于发现学生智慧的火花，允许学生提出与自己不同的见解，以民主平等的态度对待每一个学生，以最大限度地发挥学生的创造性。

（二）对学生的要求

学生要有强烈的学习信念和学习愿望，以满腔的热情投身到探索活动中去，勇于探索，敢于创新，大胆发表与众不同的见解。

敢于挑战自我，不断向自己提出新问题并加以分析、研究和解决，把书本中的知识、民族民间文化中的知识这些前人所创造的精神财富变成自己的东西，纳入自己的知识系统中去。

第五节　中华优秀传统文化数学课外活动的设计思路

为了更好地落实"双减"政策，营造轻松、和谐的教育教学环境，在教学中以渗透中华优秀传统文化为载体，开展丰富多彩的数学活动，有利于提升学生的运用和实践能力，更好地促进学生全面发展。当前，本课题组对少数民族农村地区初中数学课外活动的现状进行了调查，发现至少在以下两个方面还存在严重偏差：一是数学课外活动的内容安排与课本内容过多地重复，不仅加重了学生的负担，还增长了学生的厌学情绪，数学课外活动已名存实亡；二是数学课外活动只是极少数学有余力的"数学尖子"活动的天地，绝大部分的学生却与之无缘，数学课外活动没有充分发挥其应有的职能。因此，本课题组对数学课外活动进行深入研究，探索实施初中数学课外活动的途径和方法，对于普及数学思想方法、提高初中学生数学素养、培养学生的数学学习兴趣，以及发展学生的数学才能都具有重大意义。总结过去开展数学课外活动的经验，提出以下开展数学课外活动的原则和实施模式。

一、开展数学课外活动应遵循的原则

（一）面向全体学生原则

教育的目的是让每个学生都得到进步、得到发展。国际数学教育委员会提出了"数学为大众"的口号，认为"所有的学生都必须学好数学"。数学教育的目的在于满足社会大众的需要。中小学数学课外活动作为实施素质教育的一个重要渠道，必须面向全体学生。

（二）活动性原则

数学活动论的基本观点认为，不应把数学等同于已经得到的数学命题或理论，而应看到数学是一种人类活动，是一个含有多种成分的复合体，不单包含逻辑关系与公理关系，也包含直观思想、归纳推理，甚至人际交往。为此，数学课外活动就要注意数学认识活动与数学实践活动相结合，知识性与趣味性相结合，形式灵活多样，内容丰富多彩，密切联系实际，注重"数学实验"即动手操作、游戏等，把数学课外活动设计成学生进行数学活动的过程。

（三）分层指导原则

义务教育的重要意义在于它要求每个学生掌握生活、工作和进一步学习所必需的普通教育最低限度的文化素养，在此基础上，按兴趣、能力和志向对不同程度的学生"区别对待"，使他们在合适的方向上最大限度地得到发展。因此，数学课外活动不仅要关心"优秀生"的成长，而且更应注意加强对不同程度的学生的分层指导，培养其爱数学、学数学、用数学的意识和兴趣。

二、数学课外活动的实施方式

（一）数学课外活动的实施模式

基于以上认识，笔者认为中小学数学课外活动应以年级为单位开展，按学生的程度、志趣和愿望，设置三个活动小组：数学兴趣小组、数学竞赛小组和信息技术小组。在每一小组内开展如下三种方式的活动：趣味数学活动、竞赛活动和数学交往活动。数学兴趣小组旨在培养学生的数学学习兴趣，提高其数学素养，发展其优良的个性品质；数学竞赛小组旨在让数学底子好的学生"吃饱"，培育他们积极钻研数学，为今后其发展成为数学尖子生做好铺垫，发展其数学才能；信息技术小组则着重对"特长生"进行定向指导，充分发展其特长。还应建立学生自己的校级数学课外活动组织机构，如数学爱好者协会，负责对各年级活动小组进行联络和协调，并负责组织开展全校性的数学课外活动，如数学游园活动、校级数学竞赛活动等。

（二）数学课外活动内容

1. 兴趣小组活动内容概要

（1）数学史话：主要介绍数学史上的重大成就（包括我国古代数学的伟大成就）；中外数学家献身科学的史实和现代数学的成就及其应用。

（2）趣味数学：主要内容有生活中的数学、数学进位制、速算与巧算、逻辑趣题（逻辑分析推理及数学"诡辩"）、数学之谜（幻方、分枝图）、趣味几何（图形的剪、拼、算，图形变换，图论初步）、有趣的杨辉三角、数学悖论、黄金分割与优选法、统筹规划、洛书及抽屉原理等。

（3）实验与制作：主要内容有 π 的近似值投币实验、莫比乌斯带及直角弯管等。

（4）数学故事会：主要内容有数学家的故事、数学相声、数学童话故事及数学小品等。

（5）中国古代诗歌、对联等中的数学：主要内容有蕴含数学的诗歌、对联及成语等。

（6）专题讲座课：有关数学的知识，介绍数学史料、数学家的故事，介绍学习经验以及学法指导等，对学生进行德育和数学思维教育，如结合学习质数和合数，介绍陈景润的事迹；配合学习圆周率，举行祖冲之与中国古代数学史的讲座等；结合实际应用题中的一些数据变化，来说明我国社会主义现代化建设的蓬勃发展和日益强大，从而激发学生的集体主义与爱国主义的思想感情。

2. 竞赛小组活动内容纲要

（1）数学趣题。主要内容有数学发展史上一些著名初等数学问题，如"哥尼斯堡七桥问题""八皇后问题""费尔马定理""四色问题""鸡兔同笼"等。

（2）数学奥林匹克竞赛简介。

（3）数学竞赛专题。

3. 信息技术小组活动内容

（1）逻辑代数与电子计算机初步知识简介。

（2）计算机语言：BASIC 或 LOGO。

（3）计算机程度：与初中数学有关的趣题、图案及游戏等的程序编制。

（4）计算机操作。

（5）智能计算机与几何命题的机器证明。

三、数学课外活动的考核评估

数学课外活动主要是通过开展丰富多彩的数学活动来充分调动学生的主动性和积极性，培养学生的能力。因此，数学课外活动重在加强管理和指导。在评价方面，则应重视过程评价，侧重考察学生的学习过程，考核评估的方式应灵活多样。

（1）建立数学课外活动小组名册，每次活动进行考勤登记。在完成一次小组活动后，应根据参加活动的学生的学习态度、学习效果进行考查、评定。

（2）对竞赛活动进行评比，每次都评出名次或等级，对优秀学生及时给予奖励或表彰，并记入学生学籍档案。

（3）定期举办数学课外活动成果展示，引导学生进行自我评定。

第六节　运用阅读材料中优秀的传统文化进行素质教育

在数学的课本中，安排有许多的阅读材料。它们内容丰富，有许多是优秀的传统文化，具有很好的教育性，充分用好这些阅读材料，可以开阔学生视野、增强知识，同时让学生受到思想教育，促进学生的发展。

一、介绍数学历史，提高思想品德、心理素质

数学教学中渗透中华优秀传统文化，如通过对我国古今数学成就的介绍，可以培养学生的民族自尊心和爱国主义情感。阅读材料中关于我国古今数学成就的介绍较多，笔者结合这些材料，向学生介绍中华民族光辉灿烂的数学史，培养学生高尚的道德品质和严谨的科学态度。如在我国的文化宝库里，数学的发生与发展历史悠久，源远流长，成果卓著，对人类文明做出了巨大的贡献。从上古结绳记数、规矩画圆、九九乘法口诀、十进位法到中古期的《算经十书》都是最早闻世的数学史料；战国时期科学家墨翟所著的《墨经》中有19条几何内容，堪称世界上最古老的几何学，比欧几里得的《几何原本》早了一个多世纪；商高定理、祖冲之圆周率、刘徽割圆术、杨辉三角形、孙子定理、秦九韶的大衍求一术、李冶的天元术、朱世杰的招差术，以及李善兰的考数根法等就证实了这一点。我国近代数学家陈建功、陈省身、华罗庚、苏步青和吴文俊等对世界数学发展做出的伟大贡献以及近几年来在初等数学和许多重要专门数学（如组合数学、数论、模糊数学、图论、函数论和应用数学等方面）领域获得的丰硕成果，再次证实了这一点。一部中国数学的发展的历史，中国数学家为真理献身的伟大人格和崇高精神，无疑是弘扬民族文化、振奋民族精神、激发爱国热情的好教材。另外，古今中外数学家对事业坚如磐石、锲而不舍，治学勤奋刻苦、严谨认真，品德刚正不阿，诲人不倦，矢志不渝地求实、创新的精神，如祖冲之勤奋实践精神和一丝不苟的治学态度，高斯的谦虚品质，希伯斯的创新精神，陈景润的顽强拼搏精神等，能激励学生勤奋学习，激发为数学拼搏的豪情，培养真诚、正直、坚韧、勇敢的优良品质，树立振兴中华、开创未来的崇高理想和为科学献身的志向。

二、扩展数学内容，充实知识、技能系统

数学是一门知识性、技能性较强的工具学科，在培养能力方面担负着重要任务。数学基础知识、基本技能掌握的多少直接影响着学生各方面能力的发展和素质的提高。为此，在教学中尽可能精选一些知识充实教学内容，进一步发展和完善学生的知识、技能系统，以帮助学生适应社会经济的发展对劳动者素质要求的提高。笔者选择了阅读材料中的一部分，把其分为两类，指导学生数学课外兴趣活动。一类是对教学内容的完善和延伸，主要有定理的证明，公式的介绍和推导，尺规作图，函数、方程、不等式的关系等，如勾股定理，教学内容中没有及时给出证明，应指导学生阅读勾股定理这篇材料，让他们用不同的方法加以证明，分析比较各种方法的优劣；对于尺规作图，教学内容中要求不高，可在兴趣活动中适当做些补充，如黄金分割线段、正十边形和正五角星的做法等。另一类是以介绍计算方法和技巧为主的，有循环小数化分数、长方形面积图示法、笔算开平方，以及怎样用圆片测角等，在学完圆柱、圆锥、圆台及它们的侧面积这一章后，指导学生阅读《曲面上的最短路线》，分别研究圆柱、圆锥、圆台侧面上的最短路线后，归结为圆台侧面上两点间的最短路线，得出计算公式。这样做能满足不同层次学生的需要，激发学生学习数学的兴趣，拓宽学生的知识面，提高学生的知识、技能素质。

三、探究数学问题，发展思维、创造能力

在数学思想中，最可贵的层次、最高的品质是创造性思维，创造性思维是创造力的核心，调查研究表明，"创造力是后天培养和造就的，故人人能创造"，因此开展创造性思维训练，要面向绝大多数学生，让多数学生有机会进行思维创造力的训练，真正提高数学素质。在教学中笔者结合归纳、推理与多边形的内角和等阅读材料，一方面，指导学生亲自参与定理的探索，进行实验、猜想和归纳推理；另一方面，向学生介绍古今中外创造性思维的事例，如高斯在10岁时就发现了"1+2+3+4+…+100"这道题的特点，创造出超乎常人的快速计算方法，我国古代脍炙人口的典故司马光砸缸救人、曹冲称象、鲁班发明锯子和道旁李苦等，刘徽的割圆术从圆内接六边形开始逐渐增加内接正多边形的边数，使其与圆同体等，能激起学生丰富的想象，发展学生的发散思维，有利于培养学生的创造性思维。数学教学的本质是"思维过程"[10]，现代数学教育要求教师让学生从"学会"到"会学"，最根本的一条就是要在传授知识中展示数学思维过程，揭示数学规律。教学中要充

分运用阅读材料,如利用《实验法与归纳推理》一文揭示数学规律的探索方法,利用《无理数的发现》一文向学生介绍人类认识数的过程,指出研究数学问题从特殊到一般、从具体到抽象的基本规律等。

实践证明,充分利用阅读资料中优秀的传统文化,挖掘数学元素,重视思维过程的教学,不仅有利于增长学生的才干、发展学生智力、培养能力,而且对于优化学生思维品质、提高数学素养,都具有十分重要的意义。

第七节 数学教学方法改革的探索

在数学教学中,笔者改进了传统的教学方法,充分发挥了以教师为主导、学生为主体的作用,减轻了学生负担,促使学生全面发展,具体做法如下。

一、实施素质教育,课堂教学精、巧、活

精:精在教学目的确立,精在知识有纵向衔接。数学知识具有严格的系统性、连贯性,研究教材时,笔者注重知识的纵向衔接。教学中笔者注重每节课、每个单元、每册教材各部分知识之间的编排系统,让学生了解知识内在的联系,使知识衔接、沟通,减少坡度,使学生对数学知识的整体性有所了解,便于从宏观上掌握,利于学生精益求精,获得深厚扎实的数学知识。

巧:巧在教学活动的适度,巧在知识的横向渗透。以数学为基础并渗透道德与法治、语文在音乐等其他各学科的内容,使学生的知识丰富,拓宽其知识面,使其既具有较渊博的知识,又具有一定的能力。数学教师也可充分发掘中华优秀传统文化与数学的契合点,在教学中进行灵活、恰当的有效渗透,让数学课堂更具思想性、教育性,并呈现一种独特的文化美,进一步提升学生的核心素养,进一步增强学生的文化自信。

活:课堂形式多样,教学方法灵活。

课堂单调是学生厌学的症结,是教学质量下降的原因之一,为了培养学生的兴趣,使学生在愉快中学习,笔者设计了多种形式的课堂教学。

实践课。数学来源于现实,实践课也必须扎根于现实,并且应用于现实,把"教材内容"与"数学现实"活动结合起来,培养学生的参与意识,提高学生素质。例如,学习"轴对称"知识时,引导学生去发现身边的轴对称图形,使他们看得见、

摸得着，增强了直观性，并巩固了所学知识。

兴趣课。在课堂教学中，结合教材，以课本剧、讲座等形式给学生创设一定的情境，让课堂教学变得生动活泼，使学生在学习中感受到一种精神享受。针对学生基础差、学习数学积极性不高的实际，也为了激发学生学习数学的兴趣，可开展讲座，如《你发现了什么数学图形了吗？》《生活中数学无处不在》《数字对联》。某天下午上课时，笔者发现学生精神涣散，于是出了一道题："'坐井观天'的故事你们听说过吗？'坐井观天'中的那只青蛙，想到了小鸟说的话，心想井外的世界真的很精彩吗？于是它心血来潮决定跳出井，去看一看。现井深九尺，青蛙一次跳三尺高，如果这样青蛙要跳几次才能跳出井呢？"学生们纷纷讨论起来，学生的兴趣一下子就提升起来了。

故事课。在教授新课时，教师通过讲述一些体现数学思想的历史故事、文学典故等，或把教学内容用学生熟悉的事编成有悬念的小故事吸引学生，使学生在故事情节中学到知识，同时解决了教学中难以理解的问题。在学习"反证法"这部分内容时，笔者给学生讲述了《三国演义》中"空城计"的故事，故事中诸葛亮很好地利用了司马懿心理上的矛盾，用不守城的计策来达到暂时守住城的目的，同时引导学生讨论"空城计"的策略思想，诸葛亮从问题（守住城）的反面（不守城）考虑，解决了用老弱病残的士兵去战斗很难或无法守住城的正面守城问题，从而使学生较好地明白了反证法的思想，教师较好地完成了教学任务。这种通过讲故事引导学生积极讨论的课程，激发了学生浓厚的学习兴趣，使其既对中华优秀传统文化有了了解，同时也很快就掌握了新知识，它起到了画龙点睛的作用。

游戏课。教学中，笔者有意识地给学生创设喜闻乐见的教学情境激发兴趣，调动全体学生积极参与教学，发展学生的思维能力，保证素质教育真正落到实处。课堂上笔者把新课的内容设计成游戏形式，让学生在游戏中学习。学习两步计算式题时，笔者在教室里挂了八个不同颜色的大粽子，鲜艳夺目，粽子的每面都写着一个题目，每一层六个题，共六层。笔者告诉同学们，等一会儿分组进行比赛，名字是"剥粽子"，方法是，每个同学剥一层，计算后贴在黑板上，哪一组算得又对又快即为优胜者。这实际上是把竞争机制引入课堂教学活动中。比赛前，笔者先让学生走到粽子前看看题目，然后问："学过吗？""没有。""这就是今天我们要学习的新知识。"接着笔者精讲了两步计算式题的方法，听讲时学生的注意力特别集中，课堂效果很好。教学开始，笔者通过游戏形式对学生提出新的课题，让学生主动进行思考，引导学生的求知欲望，发挥学生掌握知识的主动作用。通过练习，学生学的知识得到及时的巩固，这样不仅提高了教育质量，还使学生学得主动，减轻了学习负担。

探索课。教学中设计一些"趣味数学"，让学生动脑筋，活跃思维，提高素质。七年级时在"趣味教学"找规律中，笔者设计了这样一道题：科学家爱因斯坦在朋友家做客，看见朋友家的孩子在做作业，爱因斯坦就给他出了几组题，开始，孩子不能很快说出答案，当爱因斯坦告诉他规律后，他马上就口算出来了，你知道其中的规律吗？

（1）86-68=18

85-58=27

84-48=36

（2）45×101=4 545

67×101=6 767

35×101=3 535

（3）463×1001=463 463

345×1 001=345 345

829×1 001=829 829

通过学习，学生敢于探索，寻找规律，开拓了思路。

二、课后学生轻、宽、乐

轻：提高课堂效益，学生负担轻。课堂上，讲练结合，习题设计有层次，有必做题（即基本题，面对全体学生）、机动题（即提高题，面对成绩中上等学生）和思考题（即拓宽思路题，面对成绩上等学生）。教师批改作业做到"三当面"，即当面做、当面批当面改。作业尽量课内完成，课外不留繁重的作业，克服了"课内损失课外补"的不良倾向。

宽：培养兴趣、拓宽知识面、发展能力。课后，学生的非智力因素得到发展，他们根据自己的兴趣爱好参与丰富多彩的活动。在活动中，他们各尽所能，发挥其长，各方面成绩显著。学生通过课外的活动，知识面拓宽了，思维活跃了。

乐：学生的精神愉快，生活愉快，身心得到健康发展。学生在愉快的情境中接受教育，形成主动学习、乐于实践、立志创造的浓厚气氛，在学校学习轻松愉快，课后心里感到生活内容丰富，乐中学、学中乐，学习、生活都愉快。

第八节　数学教学中对学生进行思想教育的几点认识

《义务教育课程方案（2022年版）》修订原则中明确指出："准确理解和把握党中央、国务院关于教育改革的各项要求，全面落实习近平新时代中国特色社会主义思想，将社会主义先进文化、革命文化、中华优秀传统文化、国家安全、生命安全与健康等重大主题教育有机融入课程，增强课程思想性。"在实施素质教育的今天，党和国家一贯强调要把德育放在首位，将思想品质教育深入各科教学，因此，在中学数学教学中必须从学生的实际和学科特点出发，恰当地结合教学内容对学生进行思想教育。笔者通过多年的数学教学研究，认为在数学教学中可以从以下几方面对学生进行思想教育。

一、在引言课教学中进行

如在"有理数"的引言中，笔者向学生介绍了有关负数方面的史料，约在公元一世纪形成的我国古代最重要的数学名著《九章算术》中，就已记载负数的概念及其加减法的运算法则。这种运算法则与现在教科书中有理数的加减法是一致的。古希腊人不承认负数，印度人到公元七世纪才承认，而欧洲人更晚，到十五世纪才承认。人教版八年级数学上册第十一章的引言中，笔者向学生介绍几何产生和发展的背景及我国古代在几何方面的成就。其他各册的绪言课一般都可找到相应的数学史料介绍给学生。

二、在讲授数学内容中进行

例如，讲"勾股定理"时，介绍了我国古代关于勾股定理的研究成就。公元前一世纪，我国数学、天文学名著《周髀算经》中就载有勾股定理及其应用的内容，它是最早提出勾股定理的著作，这比希腊的发现早500多年。

三、在解题编题中进行

中学数学教科书中，编有一些反映我国改革开放以来社会主义建设的成就、工农业生产发展、人民生活水平提高，以及综合国力增强的命题。在教学中，要充分利用这些数据，潜移默化地对学生进行政治思想教育。还可以让学生结合所学的内容，调查当地各项事业发展的数据，自编一些习题，同样既可以帮助学生掌握知识、提高能力，又可以达到思想教育的目的。

四、通过教科书中的各种插图进行

中学数学教科书中，特别是九年义务教育教科书，配有书的封面图、章前图及书中的插图，这些图形有的是宏伟建筑的照片，有的反映了我国科技发展的一个侧面。这些图形一方面可以帮助学生从中抽象出某些数学知识，使他们意识到理论来源于实践又应用于实践，培养他们的辩证唯物主义观点和使用数学的意识；另一方面，通过观察这些色彩鲜艳的图形，学生可以了解到社会主义建设的辉煌成就和中国人民的聪明才智，从而增加他们的民族自豪感、使命感，使他们更加热爱和决心建设好我们伟大的社会主义祖国。

五、在课外活动中进行

数学课外活动的形式灵活多样。例如，根据数学内容举办"圆周率史话""勾股定理史话""我国古算介绍""中国古代数学家""数学与四化"等讲座，办数学墙报、数学园地，选载有关数学史料、中外数学家的生活轶事、趣味数学和古算题等，开展从古碑中的天干地支计算古碑的年限等实践活动。学生在这些实践活动中，增强了对中华优秀传统文化的认同和喜爱，从而提高了学生的核心素养。

总之，在中学数学教学中对学生进行思想教育的方法是多方面的，同时也是非常必要的，从根本上讲，是实现社会主义教育、培养造就社会主义建设者和接班人的需要，是实施素质教育的一方面。学生在中学阶段，思想品德的发展方向和水平如何，不仅关系到自身能否在德、智、体、美、劳诸方面全面发展，还关系到能否适应现实社会各方面的要求，因此，教师在数学教学中，必须对学生进行思想品德教育。

第九节 利用司马光砸缸故事中的逆向思维解初中数学题例说

古人在我们的传统文化中留下了许许多多包含数学思维的故事，这些故事闪烁着智慧的光芒，是民族的精粹，对一代又一代的中华儿女产生了深远的影响。在数学教学中，如果我们能巧妙利用故事中蕴含的数学智慧，那么就可以让学生获得数学的灵感，启迪学生思维，提高其解题能力，从而对提高数学课堂的教学质量产生积极的促进作用。

司马光砸缸救人的故事是人尽皆知的，司马光之所以能救人成功，是因为他没有沿用常规的思维方法——"人离开水"，而是用了"水离开人"的思维方法，这就是逆向思维，即在研究过程中有意去做与习惯思维方式完全相反的探索。在科学技术高度发展的今天，培养学生的逆向思维能力，对于培养创造型人才无疑是十分重要的。本节将举一些例子，试谈在初中数学教学中，如何培养学生的逆向思维能力。

例：比较大小：$2\sqrt{2}-\sqrt{6}$ 和 $\sqrt{6}-2$。

分析：在教学中，如果采用常规、习惯的思维方法，就是把两数分别平方后再进行比较，这样学生不容易接受。若通过逆向思维，用分母有理化方法，问题就变得容易解决了。

（1）常规比较。

解：$(2\sqrt{2}-\sqrt{6})^2 = 14-8\sqrt{3}$，

$(\sqrt{6}-2)^2 = 10-4\sqrt{6}$。

学生还是不好比较，不易接受。

（2）逆向思维比较。

解：$\because 2\sqrt{2}-\sqrt{6} = \dfrac{1}{\dfrac{1}{2\sqrt{2}-\sqrt{6}}} = \dfrac{1}{\dfrac{2\sqrt{2}+\sqrt{6}}{2}} = \dfrac{2}{2\sqrt{2}+\sqrt{6}}$，

$\sqrt{6}-2 = \dfrac{1}{\dfrac{1}{\sqrt{6}-2}} = \dfrac{1}{\dfrac{\sqrt{6}+2}{2}} = \dfrac{2}{\sqrt{6}+2}$，

且 $2\sqrt{2}+\sqrt{6} > \sqrt{6}+2$，

$\therefore \dfrac{2}{2\sqrt{2}+\sqrt{6}} < \dfrac{2}{\sqrt{6}+2}$，

$\therefore 2\sqrt{2}-\sqrt{6} < \sqrt{6}-2$。

例：已知二次函数 $y=mx^2+(m-3)x+1$ 的图象与 x 轴的交点至少有一个在原点的右侧，求 m 的取值范围。

分析：由题意可知，本例应在该二次函数图象与 x 轴有交点的前提下，分"两个交点分别在原点的两侧"和"两个交点都在原点的右侧"两种情况考虑，运算过程较烦琐，且易出错。若运用逆向思维，去掉"两个交点都在原点左侧"的情况，即上述两种情况。若只考虑"两个交点都在原点左侧"这一种情况，计算 m 的取值范围就变得简单多了。

解：由 $x=0$，得 $y=1$，所以该二次函数图象不经过原点。

∵该二次函数的图象与 x 轴有交点需要满足 $\Delta \geq 0$ 且 $m \neq 0$，

∴ $\begin{cases} \Delta = (m-3)^2 - 4m \geq 0 \\ m \neq 0 \end{cases}$，解得 $m \geq 9$ 或 $m \leq 1$ 且 $m \neq 0$。

当该二次函数图象与 x 轴的两个交点都在原点左侧时，除上述条件外，还需要满足条件 $\begin{cases} x_1 + x_2 = -\dfrac{m-3}{m} < 0 \\ x_1 x_2 = \dfrac{1}{m} > 0 \end{cases}$，解得 $m > 3$。

∴当该二次函数图象与 x 轴的两个交点都在原点左侧时，m 的取值范围是 $m \geq 9$。

∴当该二次函数图象与 x 轴的交点至少有一个在原点的右侧时，m 的取值范围是 $m \leq 1$ 且 $m \neq 0$。

例：100 个人组成一横排，自 1 起报数，凡报奇数的离队，留下的再次自 1 报数，凡报奇数的再离队…这样反复下去，最后留下一个人，问这个人第一次报的数为多少？

分析：本例若由第一次报数至最后一次报数进行正向推理，应考虑从 100 个人中去掉报 1,3，5，…，99 的人，然后再报数，再去掉报奇数的人…思维过程繁复。若采用逆向推理，则解法简洁、明快，由于最后留下的这个人一定是历次报数中都报偶数的人，故此人第一次报的数定是 2 的方幂，而 $2^8 = 64$，$2^9 = 128$，所以这个人第一次报的数是 64。

例：若不等式组 $\begin{cases} y - n - 3 > 0 \\ y - 3n + 1 < 0 \end{cases}$ 无解，求 n 的取值范围。

分析：通常情况下，我们解不等式组是在有解的情况下进行解答的，故当学生拿到该题时，从正面考虑，的确无从下手，这时从反面考虑，问题就迎刃而解了。先求不等式组有解时 n 的取值范围，反过来就可得出该不等式组无解时 n 的取值范围。

解：假设该不等式组有解，解得 $n+3 < y < 3n-1$，故 $n+3 < 3n-1$，解得 $n > 2$。

所以只有当 $n \leqslant 2$ 时，该不等式组无解。

综上所述，在现实的数学解题过程中，当我们遇到难以解决的问题时，不妨转变思维方式，运用逆向思维进行思考。许多数学知识具有可逆性，所以逆向思维在初中代数的各个方面均有广泛的应用。在初中代数教学中，若只强调和训练正向思维，则容易造成学生知识的缺陷，不利于学生能力的培养。

第五章
在数学教学中渗透数学文化增强数学教育成效

第五章　在数学教学中渗透数学文化增强数学教育成效

第一节　在数学教学中渗入数学文化 增强文化内涵

《义务教育数学课程标准（2022年版）》指出："数学是研究数量关系和空间形式的科学。数学不仅是运算和推理的工具，还是表达和交流的语言。数学承载着思想和文化，是人类文明的重要组成部分。课程内容选择。保持相对稳定的学科体系，体现数学学科特征；关注数学学科发展前沿与数学文化，继承和弘扬中华优秀传统文化；"数学是人类生活的工具，数学是人类用于交流的语言，数学能赋予人创造性，数学是一种人类文化，等等。可见数学是一种文化，它是人类文明的重要组成部分。反观当下的数学教学，原本属于文化范畴的数学，如今正渐渐丧失它的文化性，变得不那么"文化"了。应试教育环境下的数学教学，已经开始和文化背道而驰，对数学知识的积累、数学技巧的训练等工具性价值的过分关注，正在使数学本该拥有的文化气质和气度，一点点地剥落和丧失，并逐渐成为数学教育遥不可及的乌托邦。

我们的老师，时常会碰到一些尴尬的事情：有部分学生在努力学习数学的同时，逐渐地厌烦数学，而且随着数学知识的积累，厌倦的程度也在加剧；还有部分学生在离开学校若干年后，你问他哪些数学知识现在还能派得上用处，他茫然不知如何应答，或是干脆回答："真不好意思，除了加减乘除，其他的都还给了老师"。一旦数学解题的任务完成了，数学教育的功能也就消失了，这不能不说是数学的悲哀。凡此种种，也促使我们不得不再一次来反思数学教育的价值。学生主要是通过课堂来学习数学知识，数学具有独特的文化内涵，将数学文化渗入数学教学中，会使学生在学习数学的过程中真正受到文化感染，产生文化共鸣，体会数学的文化品位，体察社会文化和数学文化之间的互动。如何让数学文化真实走进我们的数学教学呢？

一、让数学语言在课堂教学中增强文化韵味

《义务教育数学课程标准（2022年版）》指出："会用数学的语言表达现实世界。数学为人们提供了一种描述与交流现实世界的表达方式。通过数学的语言，可以简约、精确地描述自然现象、科学情境和日常生活中的数量关系与空间形式；能够在

现实生活与其他学科中构建普适的数学模型，表达和解决问题；能够理解数据的意义与价值，会用数据的分析结果解释和预测不确定现象，形成合理的判断或决策；形成数学的表达与交流能力，发展应用意识与实践能力。"

数学语言是一种符号化的、由精确术语与关系语句所构成的语言，抽象而简洁地描述了客观事物的发展规律，为科学的发展提供精确的工具，但不少学生对数学语言往往表现为不求甚解、囫囵吞枣等。为此，教师需要对数学语言进行合理加工，让其显现出特有的文化韵味。数学语言经历了一个不断抽象、持续完善的过程，数学课本中的数学知识虽经形式化改造，但它仍然源于自然语言。所以，教学用语既要科学规范、严谨简约，又要形象生动、通俗易懂。事实上，数学语言可分为文字语言、符号语言和图形语言三种，由于这三种数学语言在描述问题时彼此之间可以相互转化，在实际的数学教学中，常常会出现"三语联用"的现象，因此教师应让学生有充足的时间和空间去领略文字语言的严谨之美、符号语言的简洁之美以及图形语言的结构之美等，同时需要在三种语言的转化中去强化美，加强学生的美感体验。通过三种语言的反复转化，学生体验到"数形结合"思想，从而体会数学语言的内在之美。

二、让数学历史在数学教学中增强文化底蕴

数学文化的内涵不仅表现在知识本身，还寓于它的历史。在人类的发展史上，有很多事例反映了数学所产生的巨大推动作用，了解这一点，有助于学生对数学的文化底蕴有较为全面的认识，有时也会激发学生学习数学的欲望。为此，教师应适时向学生介绍有关的数学史实，比如介绍数学家的名言和故事，让刘徽、杨辉、祖冲之、朱世杰、华罗庚、陈景润等数学大师成为学生经常讨论和崇拜的人物；介绍《九章算术》、《海岛算经》、《几何原本》、圆周率的历史，并将其中涉及的重要人物和有关史料的图片呈现在学生的面前；也可以介绍一些有关洛书、河图、"贾宪三角"、勾股定理和"从结绳计数到计算器"的历史，一些重要符号的起源和演变，与幻方、欧拉公式、黄金分割等有关的材料，方程史话、勾股定理史话、历史上的分数运算法则等内容。通过多种途径带领学生一起去欣赏古今中外的数学史料，可以让学生了解数学原来是如此的丰富和神奇，不仅能增强他们学习数学的信心，更使他们感觉到数学并不是一种神化的科学。当数学沿着历史的台阶走下神坛时，也揭开了数学文化神秘的面纱。

三、让数学活动在数学教学中增强文化价值

《义务教育数学课程标准（2022年版）》指出："会用数学的眼光观察现实世界。数学为人们提供了一种认识与探究现实世界的观察方式。通过数学的眼光，可以从现实世界的客观现象中发现数量关系与空间形式，提出有意义的数学问题；能够抽象出数学的研究对象及其属性，形成概念、关系与结构；能够理解自然现象背后的数学原理，感悟数学的审美价值；形成对数学的好奇心与想象力，主动参与数学探究活动，发展创新意识。"

初中阶段，"解题"是最基本的数学活动形式，它不仅运用了数学知识，也承载着数学思想和数学方法。从文化的角度审视数学解题活动，它是策略创造与逻辑材料、技巧性与程式化的有机结合，是一个有序结构的统一体，它与数学的特征相一致，隐含着数学家的思维方式，从而使解题活动超越了数学思维活动本身的范围，进一步延伸到文化的范畴。

数学教学活动中，教师应激发学生学习数学的积极性，向学生提供充分从事数学活动的机会，帮助他们在自主探索和合作交流的过程中真正理解和掌握基本的数学知识与技能、数学思想和方法，获得广泛的数学活动经验。正是在这样的氛围状态里，学生和学生之间的相互作用真实地反映了数学学习中形成的文化，具体的教师、具体的学生以及正在形成的具体的'数学化'"，使数学活动从"符号游戏"的"弱"文化状态提高到"数学文化"的层面，真正利用数学活动展现其应有的文化价值。的确，文化不是外在的附属品，数学文化也不是简单意义上的"数学+文化"。在关注数学语言、数学历史和数学活动的同时，我们更应该对数学文化有一种更为朴素的理解：文化者，以文化人也，数学真正的文化要义在于，它可以最大限度地张扬数学思考的魅力，并改变一个人思考的方式、方法、视角。数学学习一旦使学生感受到思维的乐趣，使学生领悟到了数学知识的丰富、数学方法的精巧、数学思想的博大、数学思考的美妙，那么，数学的文化价值必显露无遗。无论何时的数学的教与学，我们都可以触摸到数学文化的脉搏，因为拥有思考，便拥有了数学的文化力量。

《义务教育数学课程标准（2022年版）》关注的不仅仅是知识与技能，更加关注核心素养。要求学生会用数学的眼光观察现实世界；会用数学的思维思考现实世界；会用数学的语言表达现实世界。在数学教学中我们不能仅仅通过教和学的方式方法的转变来贯彻实施，因为数学核心素养是无法简单地通过教和学的方式方法获

得。伴随着新课程改革的不断推进，数学文化作为教材的一个组成部分出现在我们面前，如果能充分地利用它，让学生接受它的熏陶、体会它的丰富价值，对于激发学生的数学兴趣和求知欲，培养其独立观察问题、思考和解决问题的积极性和主动性以及培养创新精神和实践能力都有积极的推动作用，更重要的是，学生通过对数学文化知识的学习还可以接受到人格品行的教育。所以，重视发挥数学文化强大的教育功能，在数学教学中是十分必要的。

第二节 在数学教学中渗透数学文化的策略

数学和文学之间存在着不即不离的关系，同时数学和文学在思考方法上往往也是想通的。可以说，数学在中国文学中有着极高的地位。如中国古文学瑰宝中的一些古诗和对联，诗人们巧妙地将数学嵌入诗、对联之中。如：花甲重逢，还加三七岁月；古稀双庆，更多一度春秋。等等。当你吟诗读联时，既感受到文学的熏陶，同时又学会了解题方法，给予人美的享受。

一、在数学教学中多侧面地渗透数学文化

（一）数学和文学

■ 案例1：圆与直线的位置关系

在教学导入环节中，笔者巧妙地将王之涣《登鹳雀楼》的诗句（白日依山尽，黄河入海流）和王维的《使至塞上》的诗句（大漠孤烟直，长河落日圆）通过信息技术手段制作成漂亮的动画PPT图片，让学生在美的情境之中真切感悟到圆和直线的位置关系。

在教学内容结束时，笔者又用赋予诗意的文字对学生进行德育渗透。

圆在数字中是零的标志，要想突破零，只有一步一个脚印，勤奋踏实，在零的基础上迈步。有时我想，人一生下来，几乎都一样，都从零开始，长大后为什么人又发展不一样了呢？除了有点点的遗传基因，我想抓住人生的机遇和后天的努力是十分重要的。有多少知识就有多少力量。要想突破，要想超越，你必须付出努力，多积累知识。数学中圆的图形没有起点，也没有终点，人生今天的结束又是明天的开始。因此今天取得的任何成绩不过是明天要努力的新起点，永远没有结束，永远

没有彼岸。为了心中的圆——美好的理想，我们只有生命不息，拼搏进取。

反思：在数学教学课堂上让学生欣赏诗句、精品文章，对学生而言，无疑是新鲜有趣的。不仅如此，学生还能从中发现数学问题，这样精心的设计激发着学生的学习兴趣。在教学过程中对诗意的追求，体现了鲜明的"数学文化"，在数学课堂中洋溢着浓厚的文化感。

（二）数学和美学

■ 案例2：圆的认识

教师在投影出示和圆有关的图片——汽车轮胎、布依族铜鼓、布依八音中的乐器、景德镇出产的圆形瓷器、月球上的环形山、向日葵、光环及电磁波等，并动画演示将一颗石子扔在平静的水面上，水面荡漾出美丽的圆形波纹，然后开始关于圆的讲课。

反思：丰富的素材配上生动且富有诗意的解说，学生真切地体会到生活中的圆无处不在，世界上因为有了圆才变得如此美妙！学生带着高涨的热情进入新课的学习。正是因为从现实生活中选取了美丽丰富的景象，选取了与学生的知识体系非常接近的事物，引起了学生强烈的学习兴趣，同时，也非常自然地将数学和文学、美学、语言学结合起来，体现出数学的生动。

（三）数学与德育

■ 案例3：圆的认识

师：今天，老师特意为每个小组准备了材料，唯独没有圆规，同学们能利用这些材料，试着画出一个圆吗？

学生利用手中的工具和材料画圆，随后交流各自精彩的方法。

……

师：不用圆规，我们依然创造出了这么多画圆的方法，那俗语中为什么还会有"没有规矩，不成方圆"一说呢？

生1：我想，大概是古时候的人们没想到这些方法吧？

生2：我觉得，"没有规矩，不成方圆"一开始指没有圆规和"矩"画不出方和圆，但是流传到后来，它的意思已经发生了改变，是指很多事情，必须要讲究规矩，遵循方法。

师：真没想到，一条普通的数学规律，经过千年的流传，竟逐渐成为我们生活中的一条重要人生准则……

反思：通过一句"没有规矩，不成方圆"和没有圆规画圆的活动，不但成功地引出新授的知识，让学生主动探索如何不用圆规画圆的方法，同时让这一句话成为学生生活中的一条生活准则，无形中就渗透了对学生的道德教育。

（四）数学与历史

在少数民族地区的数学课堂，教师往往更关注知识、方法和技能的掌握和训练，而忽视对知识的来龙去脉的讲授。数学产生于人类的生产和生活，是经过人们不断的归纳和总结而逐渐形成的一个又一个数学模型，具有悠久的发展历史。美国著名的数学史家卡约黎认为，一门学科的历史知识能够激发学生的学习兴趣，使他们树立正确的价值观。为此，在教学中，注重有机地渗透数学历史，对提升课堂效果具有很好的推动作用。例如，教"认识一元一次方程"时，由于学生是第一次接触一元一次方程的概念，往往会感到抽象、不易理解。教学中笔者查阅了相关古籍《九章算术》，找到了方程的出处，以及一元一次方程术语的创用，整理了一元一次方程发展的历程，制作成PPT在教学时展示。通过教学，学生对一元一次方程的发展历程有了初步的了解，增强了对知识的理解，既丰富了课堂内涵，又巧妙地渗透了优秀的传统文化，激发了学生的学习兴趣。

数学文化的内涵不仅表现在知识本身，还寓于它的历史。将数学史引入课堂，通过这些内容的呈现，使学生了解数学知识的产生与发展首先源于人类生活的需要，丰富了学生对数学发展的整体认识，学生体会到数学在人类发展史中的作用，激发学生学习数学的兴趣。

（五）数学与语言

语言是文化的载体和外壳。数学的一种文化表现形式，就是把数学融入语言之中。

"不管三七二十一"涉及乘法口诀，"三下二除五就把它解决了"则是算盘口诀；再如"万无一失"比喻"有绝对把握"；此外，"指数爆炸""直线上升"等已经成为日常语言，"事业坐标""人生轨迹"也已经是人们耳熟能详的词语。它们的含义可与事物的复杂性相联系（计算复杂性问题），正是所需要研究的。

二、提高教师的数学文化素养

教师的文化底蕴是渗透数学文化的保障。新课程改革以来，笔者非常重视提高自己的数学文化修养：一是阅读有关的专著；二是结合教材中的有关内容进行专题阅读。例如，阅读《九章算术》《孙子算经》等书籍，进行"黄金分割""圆周率""数学与生活"等专题研究。平时注意积累这些方面的小资料，教学时就能信手拈来。教师对教材的理解、对数学的理解，以及对教学活动的组织都反映了教师的文化修养。

作为一名新形势下的数学老师，我们对中华优秀传统文化中的数学文化的研究应该更加深入。在平时的教育教学中，应合适而巧妙地让数学文化走进课堂，渗入实际数学教学，努力使学生在学习数学过程中真正受到文化感染，产生文化共鸣，体会数学的文化品位，体察社会文化和数学文化之间的互动。当数学文化的魅力真正渗入教材、到达课堂、融入教学时，数学就会更加平易近人，数学教学就会在文化层面让学生进一步理解数学、喜欢数学、热爱数学。

三、体会与思考

数学不只是知识和方法的简单汇聚，它应该是一个开放的文化体系，是人类智慧和创造力的结晶。它在给予我们知识与方法的同时，更以一种文化的姿态改变人类的思考品质，拓展人类的视野，丰富人类的精神世界，增强人的本质力量。数学的文化特征不仅仅在于数学的历史性和美学价值，也凝聚在数学美妙绝伦的数学思维方法、探索不止的数学精神、求真臻善达美的数学品格之中，对于一个人的全面和谐发展具有极为重要的意义！因此，数学文化应体现三个方面："真""善""美"。

数学作为科学的共同语言和最高表现形式，它的内容、方法和思想都以其真实、确定而成为人们思考、解决问题时值得信赖的东西，对于强化人的理智感、丰富人的理性精神、提升人的理性能力等具有其他学科所不可替代的价值。历来，人们对于数学的真理怀有一种敬畏和信任，这就是数学真理性的真实体现。而且数学的真理绝对不是建立在毋庸置疑的、绝对无误的前提下，而是通过绝对可靠的推理规则得到的不容怀疑的绝对真理。

教育旨在教人做人，其核心是道德教育。在数学课堂中，不只要注重对知识与技能的传授，同时要渗透德育。如今，很多教师在设计教学目标时都会涉及德育目标，在知识传递中渗透道德教育。在数学课堂中渗透道德教育包含尊重事实、实事求是的求实精神，勇于怀疑，勇于批评和自我批评，勇于创新、超越现状的创造精神等。

爱美之心，人皆有之。美在我们的认识中可以分为壮美、俊美、秀美、柔美和优美。数学的美也具多样性，专家们把数学的美分为简洁美、对称美、和谐美和奇异美。数学很美，无论是它的内容、方法还是思想，只是这种美没有绘画或音乐那些华丽的装饰，它可以纯净到崇高的地步，能够达到严格的只有伟大的艺术才能显示的那种完美的境地。正因为冷而严肃，所以它更需要我们去发现、探究、转化，使其以一种温和而亲近的性格，走进我们的数学课堂，并转化为学生的审美品质和涵养。

第六章
渗透中华优秀传统文化的教学案例

第一节　渗透数学思想和方法的教学案例和教学思考

数学思想是数学的灵魂，数学方法是解决具体问题的钥匙。在近年的教学研究中，在教学中渗透蕴含数学思想和方法的中华优秀传统文化，既给课堂教学增加了趣味、丰富了课堂内涵，同时又让学生的思维柳暗花明，提高了学生解决实际问题的能力和技巧，这些思想和方法让他们终身受益。

贵州省黔西南布依族苗族自治州安龙县龙广二中开展在初中数学教学中渗透数学思想和方法的教学活动，收到了"随风潜入夜，润物细无声"的效果和宝贵的经验，积累了不少课堂案例和教学思考，对农村学校课堂教学方式的改进具有重要意义。

一、教学案例：一元一次方程

（一）知识点
（1）一元一次方程的概念、解题方法。

（2）中华优秀传统文化情境：鸡兔同笼是我国古代著名经典问题之一，记载于《孙子算经》之中。鸡兔同笼问题是中小学数学中的常见题型。

（二）课时目标
（1）通过观察，归纳总结出一元一次方程的概念，理解方程的解及解方程。

（2）学会寻找一些简单的实际问题中的等量关系，并列出方程。

（3）培养学生获取信息、分析问题、处理问题的能力。

（三）核心问题
如何从概念、解题过程中获取信息、分析问题、处理问题。

（四）课堂教学实录
片段1　情境引入

师：同学们，只要把你的年龄乘2减5的得数告诉我，我就能知道你的年龄。

生1：21。

师：13岁。

生2：19。

师：12岁。

生：太神了，老师！

师：比如某同学的得数是21岁，设他的年龄为 x，则 $2x-5=21$。这是我们小学时学过的式子，这就是方程。

> **设计理念或意图**：利用好奇心吸引学生注意力，激发起学生学习的兴趣和主动学习的欲望，从而引出方程，为这节课做准备。

片段2 再创情境，拓展提升，探究新知

1. 判断下列各式是不是方程，如果是，指出方程的未知数，如果不是，说明理由。

（1）$3-2=1$；（2）$3x+8$；（3）$2x-1>1+x$；（4）$2x-3=7$。

2. 思考下列方程，它们含有几个未知数？未知数的最高次数是多少？

（1）$4x=24$；（2）$2x+5=6$；（3）$5-2x=3$。

师：请同学们观察这三个方程，思考它们有什么共同特点呢？

生：这些方程都只含有一个未知数。

生：这些未知数的次数是1次。

师：同学们回顾一下，什么是整式？

生：单项式和多项式统称为整式。

师：很好，下面请同学们再仔细观察三个方程的两边，是不是都由单项式和多项式构成？

生：经过仔细观察，的确是这样。

师：满足我们刚才所找到的三个条件的方程就是这节课我们要学习的内容。

> **设计理念或意图**：通过学生所熟知的式子，借学生之口回答方程的定义；通过学生思考、讨论和教师点拨，学生进一步明确什么是一元一次方程，能够对一元一次方程的形式有更深刻的印象。

师：给一元一次方程归纳一下概念。

生：含有一个未知数，并且未知数的最高次数是1的方程叫作一元一次方程。

师：归纳得不错，再补上方程为整式方程就更完美了。

即只含有一个未知数，并且未知数的最高次数是1的整式方程叫作一元一次方程。

师：为什么要特别强调整式方程呢，因为方程有两类：一类是整式方程，一类是分式方程。其中分式方程将在八年级深入学习，现在重点将一元一次方程掌握好。

生：好。

PPT课件展示：

1.下列式子哪些是一元一次方程？不是一元一次方程的要说明理由。

（1）$9x=2$　　　　（2）$x+2y=0$　　　　（3）$x=0$

（4）$x^2+x+2=6$　　（5）$\dfrac{x}{x+3}=5$　　（6）$a+3=10$

生：（1）（3）（6）是一元一次方程。

师：（2）为什么不是一元一次方程？

生：（2）中含有两个未知数，与概念中只含有一个未知数矛盾，所以不是一元一次方程。

师：（4）为什么不是一元一次方程？

生：（4）中虽然含有一个未知数，但未知数的最高次数是2，所以不是一元一次方程。

师：（5）为什么不是一元一次方程？

生：它不是整式方程。

设计理念或意图：通过观察、归纳，培养学生勤于动脑的习惯。

师：请同学们继续观察并思考。

（1）$4x=24$；（2）$2x+5=6$；（3）$5-2x=3$。

这三个方程的解是多少？

生：方程（1）的解是$x=6$。

生：方程（2）的解是$x=0.5$。

生：方程（3）的解是$x=1$。

师：你们是怎样做的？

生：第一个用乘法口诀"四六二十四"，所以$x=6$。

生：第二个中1+5=6，因为2乘0.5等于1，所以$x=0.5$。

生：第三个中5-2=3，因为2乘1等于2，所以$x=1$。

师：怎么才能让方程左右两边是相等的？

107

生：代入一个恰当的未知数 x，会让方程左右两边相等。

师：判断是否为方程的解的方法步骤：①代值；②计算；③判断左边的值是否等于右边的值。

师：这就是我们要学习的第二个内容：方程的解。能使方程左右两边相等的未知数的值叫作方程的解。

2.判断下列各数哪些是方程 $4x-3=2x+3$ 的解。

$x=-1$；$x=1$；$x=-2$；$x=2$；$x=-3$；$x=3$。

生：$x=3$。

师：根据下列条件列方程，并说出它是不是一元一次方程。

（1）x 与 y 的和是 9；

（2）3 与 x 的倒数的和是 1；

（3）x 的 3 倍与 1 的差是 5。

生：（1）$x+y=9$。

生：（2）$3+\dfrac{1}{x}=1$。

生：（3）$3x-1=5$。

师：要准确列出一元一次方程，首先要认真审题，抓住所给条件中的关键词，找出对应的等量关系。

> 设计理念或意图：巩固刚才所学的一元一次方程的概念，使条理更加清晰，突出重点；点拨列方程的基本步骤，为后面学习用复杂的一元一次方程解决实际问题做铺垫。

片段3　例题分析

龟鹤共舞问题：龟鹤共舞，共 40 个头，112 条腿，请问龟鹤几何？

解：设鹤有 x 只，则龟有（$40-x$）只。

列方程：$2x+4(40-x)=112$。

龟鹤共舞实际上就是鸡兔同笼问题，是中小学数学中的常见题型。日本的龟鹤算就是由中国的鸡兔同笼问题变化而来的。

《孙子算经》是我国古代重要的数学著作，是优秀的文化成果之一，属于中华优秀传统文化，是中华民族保持生命力的精神支柱、保持文化自信的力量源泉。

> 设计理念或意图：引导学生利用算术法和方程来解龟鹤共舞问题，然后比较算术法和方程，让学生经历模型化的过程，加深对建立方程这个数学模型的理解和体会；通过对祖国古老数学文化的了解，增强民族自豪感，使学生对数学有更深层的了解，从而为今后学好数学奠定良好的基础。

片段 4　练习巩固

1. 李明今年 8 岁，父亲 32 岁，问几年以后父亲的年龄为李明的 3 倍？

2. 下列方程中是一元一次方程的是（　　）。

A. $x^2+1=2$　　B. $y=x+1$　　C. $2x+1=7$　　D. $\dfrac{2}{x+1}=3$

3. 解为 $x=3$ 的方程是（　　）。

A. $5x+3=12$　　B. $3x-9=0$

C. $3x+2=2x+3$　　D. $3(x-2)-2(x-3)=5x$

4. 一个直角三角形的一条直角边是 6 cm，面积是 15 cm²，如果设另一条直角边为 x cm，请列方程。

5. 已知某数的 3 倍比 17 少 2，求这个数。若设这个数为 x，则列方程为（　　）。

A. $3x+17=2$　　B. $3x-17=2$　　C. $3x-2=17$　　D. $3x=17-2$

6. 若 $x+2$ 与 $2x-3$ 互为相反数，则可如何列方程？

> 设计理念或意图：学以致用，加深学生对知识点的巩固，培养学生的概括总结能力。

（五）课堂反思

1. 一元一次方程的概念

通过这堂课的学习，了解只含有一个未知数，并且未知数的最高次数是 1 的整式方程叫作一元一次方程。

2. 方程的解

能使方程左右两边相等的未知数的值叫作方程的解。

3. 列一元一次方程

分析实际问题中的数量关系，利用其中的相等关系列出方程，是用数学解决实际问题的一种方法。

（六）教学思考

1. 课堂体验

（1）创设情境，激发兴趣。

①突出问题的应用意识。教师首先从学生感兴趣的情境"魔术"表演引入课题，引导学生观察、猜想、推理和交流互动，在情境中得到体验。由于七年级学生的好奇心比较强，可以用计算年龄的题目使学生积极参与到学习中去，进行发散思维的培养，然后运用方程的方法给出解答。在各环节的安排上都设计成一个个问题，使学生能围绕问题展开思考、讨论，切实感受到方程的便利性。

②渗透中华优秀传统文化。通过对学生进行中华优秀传统文化的渗透，使学生对数学有更深层的了解，为其今后学好数学奠定良好的基础。

（2）找出遗憾，反思前进。

①学生对例题的思考不够，虽然能听懂教师的思路，但没有把教师的思路变成自己的思路。教学时应该留出一定的时间让学生消化吸收所学知识。

②学生利用数学知识解决数学问题的能力有待提高。表现为分析问题的能力不够，可能源于缺乏相关联系。这与孩子的生活环境是分不开的，孩子们平时总是衣来伸手饭来张口，碰到任何问题都是父母帮助解决，自己很少动脑筋思考。

③好多学生对"应用题"存在心理恐惧，根本不想仔细地去分析题目。教师应该帮助学生去分析解决，让学生从心理上消除对应用题的恐惧。

2. 课堂思考

（1）五育培育。在情境设置、概念归纳方面，培养了学生的归纳能力，让学生养成勤于动脑、动手的习惯，在数形结合中找到数学之美；在知识拓展方面，培养了学生的发散思维，对中华优秀传统文化的渗透使学生感受到数学就在身边，也让学生对古人积极探究、善于总结的劳动精神倍感敬佩，培养了学生的爱国热情。

（2）引导学生思考。在创设的教学情境中，引发了学生的认真观察和思考。比如，"通过对中华优秀传统文化知识的了解，你学到了什么？"在这些方面，教师引导了学生积极思考。

（3）引导学生表达。在教学中引导学生表达，比如"通过学习，你如何把概念概述出来""通过对中华优秀传统文化的了解，你学到了什么"等等，很好地培养了学生的表达能力。

（4）教学方法指导。一元一次方程模型的建立，体现了方程、等量关系的构建。

本案例中，教师始终把学生放在主体的地位，让学生通过对列算式与列方程进行比较，分别归纳出它们的特点，感受从算术方法到代数方法是数学的进步；学生通过与同学的合作与交流，得出问题的不同解答方法；让学生对一节课的学习内容、方法及要点等进行归纳，掌握解题的基本思路和方法。

二、教学案例：二元一次方程组

（一）知识点

（1）在二元一次方程组的学习中体会有效数学模型、数学类比思想。

（2）中华优秀传统文化博大精深，是中华民族几千年的智慧结晶，数学著作是其中的一部分，如《九章算术》《周髀算经》《海岛算经》《张丘建算经》等。《孙子算经》中的鸡兔同笼问题蕴含着化归思想、假设思想、方程思想和建模思想等数学思想。将这类问题纳入数学教学能让学生在情感、思维等方面受到熏陶，激发学生学习数学的兴趣和求知欲，增强学生的数学文化素养。

（二）课时目标

（1）通过探究鸡兔同笼的数学情境，了解二元一次方程（组）及其解的概念，判断一组数是否为方程（组）的解。

（2）通过创设渗透中华优秀传统文化的情境激发学生学习数学的兴趣；探索二元一次方程（组）概念，体会方程是刻画现实世界的有效数学模型。

（3）培养学生的数学类比思想，帮助学生感受方程的实际应用价值。

（三）核心问题

通过在教学中渗透中华优秀传统文化（如鸡兔同笼问题），使学生掌握解决二元一次方程组的解题方法，学习类比思想。

（四）课堂实录

片段1　情境引入

师：老师口袋里放有黄、白两种颜色的乒乓球共12个。请猜一猜口袋里黄色、白色的乒乓球各多少个。

师：同学们，看看从这道题中你们获得了哪些信息？

生1：口袋里有两种球，这两种球总数是12个。

生2：黄球的个数加上白球的个数等于12。

师：大家思考一下，怎么列出算式来解答呢？

生：可以列方程来解答。

师：办法不错，那怎么列方程呢？

生1：老师，可以用x来表示黄球个数，用y来表示白球个数。

生2：老师，我用m来表示黄球个数，用n来表示白球个数。

师：不错！下面我们用x、y来表示，可以得到什么样的方程呢？

生：若用x、y分别表示黄色乒乓球、白色乒乓球的个数，则可以得到方程$x+y=12$。

师：得到的这个方程是一元一次方程吗？与一元一次方程比较有什么不同？

生：不是，因为一元一次方程只有一个未知数，而这个方程有两个未知数。

师：同学们观察得很仔细，我们知道，我们把未知数叫作元，一个未知数就是一元，那么两个未知数叫什么？

生：二元。

师：像这样的方程就叫作二元一次方程。

> 设计理念或意图：承上启下，循序渐进，为下面教学二元一次方程组做铺垫；从已知过渡到未知，激发学生的学习兴趣；在教师的提示下，让学生自己去发现、验证；培养学生主动参与合作交流的意识，让学生充分发表个人想法。

片段2　再创情境，拓展提升，探究新知

师：今有鸡兔同笼，上有35头，下有94足，问鸡兔各几何？

在小学我们接触过"鸡兔同笼"问题，到了中学我们也要进一步学习。

> 设计理念或意图：将数学文化与数学知识有机地融合起来，彰显数学文化的本质；激发爱国热情，坚定文化自信。

今天用方程进行解答，可以设置两个未知数。

生（举手）：设鸡有x只，兔有y只。

师：你列出的式子是什么样的，请你说一说。

生：设鸡有x只，兔有y只。则$x+y=35$，$2x+4y=94$。

师：我们进一步观察，$x+y=35$是方程吗？为什么？

生：是，这个式子有未知数，是等式。

师：这个方程和我们前面所学的方程有什么不同？

生：我们前面所学的方程只有一个未知数，现在的这个方程有两个未知数。

第六章 渗透中华优秀传统文化的教学案例

师：只有一个未知数且未知数的次数为1次的方程是一元一次方程，那么有两个未知数，未知数的次数为1次的方程是二元一次方程。

二元一次方程的概念：含有两个未知数，并且含有未知数的项的次数都是1的整式方程叫作二元一次方程。

要准确理解的话，应该对这个概念进行分层：①含有两个未知数；②含有未知数的项的次数都是1次；③整式方程。

满足这三个条件的方程才叫作二元一次方程，注意三个条件缺一不可。

师：看看大家对概念是否掌握，老师出一个题目来检验一下。

判断下列方程是不是二元一次方程。

（1）$x+y=11$；（2）$m+1=2$；（3）$x^2+y=5$；（4）$3x-\pi=11$；

（5）$-5x=4y+2$；（6）$7+a=2b+11c$；（7）$4xy+5=0$。

生：（1）（5）是二元一次方程，（2）（3）（4）（6）（7）不是二元一次方程。

师：$x+y=10$ 是不是二元一次方程？

生：是。

师：$2x+y=16$ 呢？

生：是。

师：把这两个方程合在一起，就组成了一个方程组。这个方程组含有几个未知数？含有未知数的项的次数是多少？这个方程组一共有几个方程？

生：这个方程组含有两个未知数，含有未知数的项的次数是1次，这个方程组一共有两个方程。

师：是不是两个二元一次方程合起来就组成一个二元一次方程组？

生：不是，如果这个方程组中有三个未知数，就不是二元一次方程组。

师：所以，含有两个未知数，每个未知数的项的次数都是1，并且一共有两个方程的方程组才叫作二元一次方程组。谢谢这位同学，请坐，说明你用独到的眼光发现了解决这个问题的方法。

二元一次方程组的概念：含有两个未知数，每个未知数的项的次数都是1，并且一共有两个方程，像这样的方程组叫作二元一次方程组。

设计理念或意图：引导学生观察并找出方程组的解，并通过计算、验证、思考，初步体会方程解的意义，从而使学生理解方程的解；运用所学的知识解决实际问题，真正做到学以致用。

练一练：

下列方程组中是二元一次方程组的是_____（填序号）。

① $\begin{cases} m+3n=-7 \\ m-n=-3 \end{cases}$ ② $\begin{cases} 5x-2y=3 \\ 2x+y=3 \end{cases}$ ③ $\begin{cases} x+y=7 \\ x+y^2=6 \end{cases}$ ④ $\begin{cases} x+y=7 \\ y+z=2 \end{cases}$

生：①②。

问题1：$x+y=10$ 如果不考虑方程表示的实际意义，可以取哪些值？

生：$x=10$，$y=0$；$x=20$，$y=-10$……

师：这样的值可以取多少组？

生：无数组。

师：所取的这些值就叫作这个二元一次方程的解。什么叫二元一次方程的解，大家归纳一下。

生：使二元一次方程成立的未知数的值，叫作二元一次方程的解。

二元一次方程的解：使二元一次方程两边相等的两个未知数的值，叫作二元一次方程的解。

问题2：上面方程中哪些 x，y 的值还满足方程② $2x+y=16$？

生：$x=6$，$y=4$。

师：$x=6$，$y=4$ 既是方程① $x+y=10$ 的解，又是方程 $2x+y=16$ 的解，也就是说，它是方程 $x+y=10$ 与方程 $2x+y=16$ 的公共解，记作 $\begin{cases} x=6 \\ y=4 \end{cases}$。

生：二元一次方程组的两个方程的公共解，叫作二元一次方程组的解。

二元一次方程组的解：一般地，组成二元一次方程组的两个方程的公共解，叫作二元一次方程组的解。

师：这个概念同学们是否已经完全掌握？老师出一个题目来检验一下。

练一练：

A. $\begin{cases} x=5 \\ y=2 \end{cases}$ B. $\begin{cases} x=6 \\ y=1 \end{cases}$ C. $\begin{cases} x=4 \\ y=5 \end{cases}$

方程 $x+y=7$ 的解是什么？方程 $3x+y=17$ 的解是什么？

方程组 $\begin{cases} x+y=7 \\ 2x+y=17 \end{cases}$ 的解是什么？

生：A、B是方程 $x+y=7$ 的解，A、C是方程 $3x+y=17$ 的解，A是方程组

$\begin{cases} x+y=7 \\ 2x+y=17 \end{cases}$ 的解。

设计理念或意图：加深学生对二元一次方程的解的理解，引出二元一次方程组的解的概念；根据方程的解，通过类比给出二元一次方程组的解的定义；学生学会通过定义的辨析来解决实际问题；巩固主要知识点，使学生对二元一次方程组的定义及其解有进一步的理解。

片段3　例题分析

例1. 若 $\begin{cases} x=-1 \\ y=1 \end{cases}$ 是方程组 $\begin{cases} x+ay=2 \\ bx+y=-1 \end{cases}$ 的解，求 $a-b$ 的值。

师：大家认真思考，并请同学起来说出你的解题思路。教师针对学生的解题演示进行点评。

例2. 已知 $|m-1|x^{|m|}+y^2n^{-1}=3$ 是二元一次方程，则 $m+n=$＿＿＿。

师：大家认真思考，并请同学起来说出你的解题思路。

生：（上讲台演示）$m+n=0$。

片段4　练习巩固

1. 下列方程中，是二元一次方程的是（　　　）。

A. $3x-2y=4z$　B. $6xy+9=0$

C. $\dfrac{1}{x}+4y=6$　D. $4x-y=2$

2. 下列方程组中，是二元一次方程组的是（　　　）。

A. $\begin{cases} x+y=8 \\ x^2-y=4 \end{cases}$　B. $\begin{cases} 2a-3b=11 \\ 5b-4c=6 \end{cases}$　C. $\begin{cases} x+y=4 \\ 2x+3y=7 \end{cases}$　D. $\begin{cases} x^2-y=9 \\ -x+y=6 \end{cases}$

3. 若方程 $xm-1+5y^3n^2=4$ 为二元一次方程，求 m、n 的值。

4. 若 $x=2, y=1$ 既是方程 $x+3y=m$ 的解，也是方程 $mx-y=n$ 的解，则 $mn=$（　　　）。

学生迅速动手计算，教师巡视查看学生解答情况。

（五）课堂反思

师：这堂课我们学习了什么内容呢？一起来回顾一下。

生：学习了二元一次方程的概念、二元一次方程组的概念、二元一次方程的解、二元一次方程组的解。

师：这一节课，我们共同学习了二元一次方程组，希望通过学习，同学们都能利用所学知识灵活解决所遇到的实际问题，同时也为后面的学习打下坚实的基础。

> 设计理念或意图：学以致用，加深学生对知识点的巩固。

（六）教学思考

1. 课堂体验

（1）总结经验，提升方法。从这堂课的教学设计及实际教学情况来看，走出了传统的教学模式，没有让学生单纯地依赖模仿和记忆，而是运用类比的方法，通过探索来引导学生主动地参与观察、实验、猜测、验证和交流，让学生在交流中学，在发现中学，在讨论中学，在求异中学，真正成为数学学习的主人和数学知识积极的探索者。在课堂教学中运用多变的形式，既激发了学生的学习兴趣，又带有竞争性，能激发学生的学习积极性和参与意识。本节课学生在讨论交流的过程中，熟练地掌握一元一次方程的定义及解的概念，在此基础上了解二元一次方程组及其解的定义。这样的教学方法，使整个课堂充满了生命与活力，学生兴趣盎然，思维活跃，师生互动，情理交融。学生在自主探索和合作交流的过程中表现出浓厚的学习兴趣和强烈的学习自信心，课堂氛围较之过去也有了很大的改观。课堂氛围的改善，无疑会带来学习质量的提高。在新课程理念的指导下，要创造性地使用教材、发展教材。在这里，教师不再是课本知识的解释者和课程的执行者，应该一切以学生为本，充分挖掘学生感兴趣的教学内容。课上出现了许多新的知识构造体系，内容牵涉面广而不乱，多而不散，教师并没有做多少讲解，而是学生在教师的引导下自主探索出来的，整个教学过程充满了探究、点拨与合作。学习方式的变革是课程改革的重点内容，要促进学生的自主发展，就必须最大可能地让学生参与到自主学习、合作学习和探索学习之中。

（2）反思不足，善于改进。今后，在教学中要善于从学生已有的生活体验出发，创设生动、有趣的情境，强化感性认识，引导学生在情境中观察、操作和交流，使学生体会数学与日常生活的密切联系，感受数学在生活中的作用，加深对数学的理解，并运用数学知识解决现实问题。同时，鼓励学生多角度思考问题，优化解题策略。

2. 课堂思考

（1）五育培育。本案例是关于二元一次方程组模式的建立的案例，教学中渗透了中华优秀传统文化中的鸡兔同笼问题，丰富了教学内容。教学中学生积极探究，合力解决问题，发展了数学的应用意识，增强了实践能力。

（2）引导学生思考。本案例通过教学思考，引导学生寻求解决问题的方法，提升了学生解决实际问题的能力。

（3）引导学生表达。本案例通过教学中的解题方法、思路和学习感悟等，引导学生用口头或文字表达，比如如何用所学知识解决实际问题呢？

（4）教学方法指导。本案例让学生通过体验、思考、学习，应用所学知识解决实际问题，进一步提升学生的归纳、类比能力。

第二节　渗透数学历史文化的教学案例和教学思考

我国的数学科学有着悠久的历史，可谓成就辉煌，数学领域也一直处于世界领先水平，丰富并推动了世界数学文化的发展。中国古代数学萌芽于原始公社末期，私有制和货物交换产生以后，数与形的概念有了进一步的发展。考古发现，仰韶文化时期出土的陶器上面就已刻有表示数字的符号。原始公社末期，我国就开始用文字符号取代结绳记事了。春秋战国之际，算筹得到普遍的应用，算筹计数法已使用十进位值制，这种计数法对世界数学的发展具有划时代意义。我国古代还涌现了许多著名的数学家，如刘徽、祖冲之、贾宪、朱世杰、杨辉、赵爽和徐光启等，同时也留下了许多的光辉著作，如《九章算术注》《海岛算经》《算经十书》《孙子算经》《周髀算经》以及被八国联军从我国抢去现存于英国纪念馆的《永乐大典》等。

一、教学案例：合并同类项

（一）知识点

（1）合并同类项。

（2）中华优秀传统文化情境。《战国策》是一部国别体史学著作，主要记载了从战国初年到秦国灭掉六国约240年的历史，是一部重要的历史典籍，是我国优秀传统文化的一部分。该典籍中包含着许多丰富的数学智慧和数学思想，其中《战国策·齐策三》中的典故"物以类聚，人以群分"正体现了归类的数学思想。

（二）课时目标

（1）了解合并同类项。

（2）经历概念的形成过程和法则的探究过程，培养观察、归纳、概括能力，发展应用意识。

(三)核心问题

通过对"物以类聚,人以群分"典故中归类思想的理解,找出辨别同类项和合并同类项的解题方法。

(四)课堂教学实录

片段1 情境引入

师:如果有一组人民币,分别为1元、20元、50元、10元、100元、5元,如果你是银行的一名成员,你会如何去相加呢?

生:全部加起来就可以了,1+20+50+10+100+5=186(元)。

生:可以先由小到大或由大到小排列,再计算要简便一些,100+50+20+10+5+1=186(元)。

师:如果又有一组相同面额的人民币大家又会如何去相加呢?

生:我会把这些人民币进行分类,然后用机器数就行了。

师:说得很好,下面我给大家说一个典故:"物以类聚,人以群分"。意思是说同类的东西常聚在一起,志同道合的人相聚成群,反之就分开,现在多比喻坏人相互勾结在一起。战国时期,齐宣王让大夫淳于髡举荐人才。淳于髡一天之内接连向齐宣王推荐了七位贤士。齐宣王问淳于髡:"寡人听说,人才是很难得的。如果一千年之内能找到一位贤人,那贤人就好像多得像肩并肩站着一样;如果一百年能出现一个圣人,那圣人就像脚跟挨着脚跟来到一样。现在,你一天之内就推荐了七位贤士,那贤士是不是太多了?"淳于髡回答说:"不能这样说。要知道,同类的鸟儿总聚在一起飞翔,同类的野兽总是聚在一起行动。人们要寻找柴胡、桔梗这类药材,如果到水泽洼地去找,恐怕永远也找不到;要是到梁文山的背面去找,那就可以成车地找到。这是因为天下同类的事物,总是要相聚在一起的。我淳于髡大概也算个贤士,所以让我举荐贤士,就如同在黄河里取水,在燧石中取火一样容易。"

师:从齐宣王和大夫淳于髡的对话我们可以看出,相同的事物总是聚集在一起,这与我们今天要讲的合并同类项其实是同一个道理。

> **设计理念或意图**:引入传统文化让学生知道同类项的由来,让学生感知新知形成过程;将数学文化与数学知识有机地融合起来,彰显数学文化的本性,激发学生学习数学的热情,让学生感受归类思想。

师：我们在生活中经常把各种事物进行分类，而在数学领域，我们也要学会分类。本节课我们可以把物以类聚用在数学中，以便我们更好地掌握其规律。这就是我们这节课要学习的内容——合并同类项。

片段2　再创情境，拓展提升，探究新知

（PPT展示）$5a$，$6ab$，$-6a$，$7x^2y$，6，$8ab$，$9yx^2$，9。

师：同学们，你们知道它们的公共名字叫什么吗？

生：叫单项式。

师：在这些单项式中，你认为谁与谁最有血缘关系，长得最像？并说明理由。

生：$5a$和$-6a$。它们都含有相同的字母a，并且a的指数都是1。

生：$6ab$和$8ab$。它们都含有字母a，b，并且a的指数是1，b的指数也都是1。

生：$7x^2y$，$9yx^2$。它们都含有字母x，y，并且x的指数都是2，y的指数都是1。

生：6和9，它们都是常数项。

师：我们把这种具有相似格式的项叫作同类项。同学们，你们认为具有什么条件的项才叫同类项呢？

生讨论答：①所含字母相同；②相同字母的指数相同。（几个常数项也是同类项）

师：师根据同类项的特点编顺口溜——同类项同类项，除了系数都一样。（常数项也是同类项。）

设计理念或意图：让学生对日常生活中常见的物体进行分类，使他们懂得相同用途的物品可以分为一类，初步感知"同类"的概念。

片段3　例题分析

例1.合并下列各式的同类项：

（1）xy^2-4xy^2；

（2）$4a^2+3b^2+2ab-4a^2-4b^2$；

（3）$3xy^2-3x^2y+2x^2y+(-2xy^2)$。

例2.求多项式$2x^2-5x+x^2+4x-3x^2-2$的值，其中$x=-1$。

例3.先化简再求值。

求多项式$3a+abc-c^2-3a+c^2$的值，其中$a=-1$，$b=2$，$c=-3$。

设计理念或意图：学会用习题加深对新知的理解。

片段 4　练习巩固

1. 下列各题的结果是否正确？如不正确请改正。

（1）$3x+3y=6xy$　　（　　）

（2）$7x+5x=12x^2$　　（　　）

（3）$16y^2-7y^2=9$　　（　　）

（4）$19a^2b-9a^2b=10a^2b$　　（　　）

2. 填一填。

（1）$2xy+$（　　）$=7xy$

（2）$-a^2b-$（　　）$=a^2b$

3. 若 $3x+ax+y-6y$ 合并同类项后，不含 x 项，则 a 的值为（　　）。

A.2　　B.-3　　C.0　　D.-1

课堂反思：

师：（1）本节课学了哪些主要内容？

（2）本节课主要运用了什么思想方法研究问题？

生：（1）合并同类项；（2）分类思想。

> 设计理念或意图：学以致用，加深学生对知识点的掌握；课后小结，加深学生对知识的理性认识。

（五）教学思考

1. 课堂体验

（1）情境创设，激发兴趣。

①通过人民币情境引入，激起了学生的学习兴趣，帮助学生建立了同类项的初步印象。让学生判断什么是同类项，思考并回答问题，回忆同类项定义，为本节课做好铺垫。

②创设情境，激发兴趣，再创情境，引入课题。通过实际问题引发学生的学习积极性，激发探索欲望，加强学科联系，通过学生熟知的、简单的实例切入课题，步步深入，启发学生思维。

③采用自主探究、合作交流的形式合并同类项，培养学生创造性思维，使学生积极、主动地参与教学活动，感受学习合并同类项的重要性、必要性。

④通过拓展延伸，进一步引导学生进行变式训练，巩固提高，拓展学习能力。

⑤巧妙地渗透中华优秀传统文化"物以类聚，人以群分"的典故，使学生正确

认识类比的数学思想，为课堂教学增添乐趣。

"学所以益才也，砺所以致刃也。"数学课应该是多探索、多引导，设计的题型也要由浅入深，还要有拓展、拔高。对于数学教学，不能犯懒，每天都要思考、研究，在"比"中增动力，在"学"中增本领，在"赶"中争一流，在"超"中增特色。通过有关领导的指导，再反思自己的授课，发现还存在许多不足，需要学习的数学技能还有很多，以后要多向有经验的教师请教。

（2）做好总结，提升方法。

①采用课件教学，学生的学习积极性很高。多方面培养学生，如视觉和听觉相互结合，使得学生身心得到全面发展。

②教学设计比较合理，把数学与生活相联系，通过学生熟知的生活实例，引出合并同类项的法则。

③教学方法比较灵活，形式多样化。如分组讨论、小组合作和知识抢答等。

④过分依赖课件，重点内容没有在黑板上板书，导致前面的法则有一部分学生记不住；忽视了很多小问题，由于课件知识容量大，增加了后进生的学习难度。今后应加强细节的设计和全面考虑，照顾不同程度的学生。

⑤在讨论同类项的法则时，过于慌忙，没有给学生充分的时间去深入地交流；合并同类项法则的实质是通过乘法分配律运算，这一点课堂中没有提到。

⑥还需要加强对知识点的认识，比如按某个字母的升降幂的排列，是为了结果的有序。数学的结果需要简洁有序，让学生清楚有目的地学习，效果是最好的。

（3）反思不足，善于改进。

①在课堂上尽量让学生自己去感受、去体验，让学生多动手、多动口，充分发挥学生的主体作用，把时间还给学生，尽量做到教师少讲，学生多练。

②多设置练习题，让学生板演，可以及时纠正学生做题过程中存在的问题。

③教学设计要全面，难易适当。既要帮知识掌握程度好的学生提高，又要照顾到掌握程度比较差的学生。

④不过分依赖课件，及时把重点内容板书在黑板上，使学生在回顾知识点、应用知识点时，能够一目了然，加深学生的印象。

2.课堂思考

（1）五育培育。本案例通过创设人民币的情境，让学生明白归类的思想，同时对学生进行了正确的金钱观的教育。俗话说"君子爱财，取之有道。"不能为了自己的利益而采取不正当的方式，这就是道德教育。同时借助典故"物以类聚，人以群分"使学生受到了中华优秀传统文化的熏陶，在对物品进行分类的过程中，感受到了劳动教育，在对物品归类、引出同类项概念时，让学生品味到数学之美。

（2）引导学生思考。教学中，通过人民币的情境，引导学生思考怎么分类；通过典故，引导学生思考分类的方法，体会到数学可以解决生活中的实际问题。

（3）引导学生表达。引导学生介绍人民币怎么进行分类，以及分类的方法，引导学生总结什么是同类项，等等。

二、教学案例：平方根

（一）知识点

（1）平方根的概念及运用，求出非负数的算术平方根。

（2）中华优秀传统文化情境。中国象棋历史悠久，它不仅是一些专业人士的体育运动项目，也是老百姓茶余饭后、街头巷尾的一种娱乐活动。中国象棋是马走日、象飞田，若棋盘中每个小正方形的边长为1，那么士走一步、马走一步、象走一步，它们走过的距离各是多少？它们走过的距离是整数吗？是分数吗？是有理数吗？这就蕴藏了平方根的数学思想。

（二）课时目标

（1）了解平方根的概念，会用根号表示正数的平方根。

（2）了解开平方与平方互为逆运算，会用平方运算求某些非负数的平方根。

（三）核心问题

建立平方根的数感和符号感，运用概念解决非负数的算术平方根的计算问题。

（四）教学课堂实录

片段1　情境引入

PPT展示一张面积为4的正方形纸片。

（1）你能否利用这张纸折出面积为1的小正方形？

（2）你能折出面积为2的小正方形吗？

生：对折两次，使其变成4个一样大的正方形，其中的一个小正方形的面积就是1。

师：很好！那么能折出面积为2的小正方形吗？

生：（大家纷纷用手中的正方形纸片折起来，2分钟后）不会。

师：（一边讲一边折纸）先将纸对折两次变成面积为1的小正方形后，再把小正方形沿着其对角线对折，现在我们展开，中间有一个正方形，它是由四个小等边直角三角形组成的，这个正方形的面积就是2。

生：（恍然大悟）对。

师：既然这个正方形的面积是2，那么它的边长是多少呢？这就是今天要学习的内容——平方根。

> 设计理念或意图：通过情境引入，激发学生的学习热情和学习兴趣，学生建立对平方根的初步印象。

师：同学们，大家知道我国有许多传统节日，如春节、重阳节等，今天老师想告诉大家一个数学的节日——"平方根节"，这是数学爱好者的节日，这一天日期与月份的数字一样，且是年份最后两位数字的平方根，如 2 009-3-3，这个节日很珍贵，100年才出现9次。下一个平方根节要到 2 025-5-5。

师：如果一个数的平方等于9，这个数是多少？

生1：3的平方是9，所以是3。

生2：负3的平方是9，所以是负3。

师：3是9的算术平方根，因为3的平方是9。负3的平方也是9，那么3和负3叫作9的什么？这就是我们本节课要学的平方根。

师：让我们先了解一下平方根的由来。古巴比伦继承了苏美尔人在数学和天文学方面的成就，并有进一步的发展。公元前1 800年左右，古巴比伦神庙的书吏使用了乘法和除法表，以及计算平方根、立方根、倒数和指数的表格。

> 设计理念或意图：让学生了解有关平方根的优秀传统文化，让优秀传统文化不再流失；将数学文化与数学知识有机地融合起来，彰显数学文化的本性；激发学生学习数学的热情。

片段2　再创情境，拓展提升，探究新知

师：如果正方形的面积分别为表格中的数字，你能填出其边长吗？

x^2	1	16	36	49	$\dfrac{4}{25}$
x					

生1：能。

师：类比算术平方根的定义。（一般地，如果一个正数 x 的平方等于 a，即

$x^2=a$，那么这个正数 x 叫作 a 的算术平方根，记作 $\sqrt{a}$，读作"根号 a"，a 叫作被开方数。）

生2：如果一个数的平方等于 a，那么这个数就叫作 a 的平方根，即如果 $x^2=a$，那么 x 叫作 a 的平方根。

设计理念或意图：用类比的思想探究新知；学生感受知识的形成过程。

师：归纳平方根与算术平方根的联系与区别。

联系：

（1）包含关系：平方根包含算术平方根，算术平方根是平方根的一种。

（2）只有非负数才有平方根和算术平方根。

（3）0 的平方根是 0，算术平方根也是 0。

区别：

（1）个数不同：一个正数有两个平方根，但只有一个算术平方根。

（2）表示法不同：平方根表示为 $\pm\sqrt{a}$，而算术平方根表示为 $\sqrt{a}$。

设计理念或意图：让学生形成"平方根"的概念。在列举一些具体数据的感性认识的基础上，由平方运算反推出平方根的概念和定义，并让学生熟练地进行平方和平方根之间的互化，并明白它们之间的互逆关系，辨析"平方根"与"算术平方根"概念的区别与联系。

效果：由于遵循了从具体到抽象的过程，注重对学生原有认知基础的回顾，并和原有的概念进行了比较与辨析，因此，学生对这一抽象的概念掌握得比较牢固。

师：求一个数的平方根的运算，叫作开平方。±3 的平方等于 9，9 的平方根是 ±3，所以平方与开平方互为逆运算。

设计理念或意图：利用"平方根"和"算术平方根"的联系与区别，加深学生对概念的进一步理解。

片段3 例题分析

求下列各数的平方根。

（1）64；（2）$\dfrac{49}{121}$；（3）0.0004；（4）$(-25)^2$；（5）11。

生2：

（1）解：∵$(\pm 8)^2 = 64$，∴64的平方根是±8，即$\pm\sqrt{64} = \pm 8$。

（2）解：∵$\left(\pm\dfrac{7}{11}\right)^2 = \dfrac{49}{121}$，∴$\dfrac{49}{121}$的平方根为$\pm\dfrac{7}{11}$，即$\pm\sqrt{\dfrac{49}{121}} = \pm\dfrac{7}{11}$。

（3）解：∵$(\pm 0.02)^2 = 0.0004$，∴0.0004的平方根是±0.02，即$\pm\sqrt{0.0004} = \pm 0.02$。

（4）解：∵$(\pm 25)^2 = (-25)^2$，∴$(-25)^2$的平方根是±25，即$\pm\sqrt{(-25)^2} = \pm 25$。

（5）解：11的平方根是$\pm\sqrt{11}$。

师：按照平方根的概念，请同学们思考并讨论下列问题：正数的平方根有什么特点？0的平方根是多少？负数有平方根吗？

生：正数有两个平方根，即正数进行开平方运算有两个结果，一个是负数，一个是正数，它们互为相反数。0的平方根是0，负数没有平方根。

思考提升：

$(-5)^2$的平方根（　　　）；$\left(\sqrt{64}\right)^2 =$（　　　）；

$\sqrt{(-5)^2} =$（　　　）；$\pm\sqrt{64} =$（　　　）；

当$a \geq 0$时，$\left(\sqrt{a}\right)^2 =$（　　　）。

设计理念或意图：运用所学的知识解决实际问题，真正做到学以致用。

片段4　练习巩固

1.求下列各式的值。

（1）$\sqrt{11}$；（2）$-\sqrt[3]{5a+32}$；（3）$\sqrt{13}$。

2.下列说法正确的是（　　）。

A. 25的平方根是5

B. -36的平方根是-6

C. 平方根等于0的数是0

D. 64的平方根是8。

3.已知一个自然数的算术平方根是a，则该自然数的下一个自然数的算术平方根是（　　）。

A. $a+1$　　B. $\sqrt{a+1}$　　C. a^2+1　　D. $\sqrt{a^2+1}$

4. $5+\sqrt{11}$ 的小数部分为 a，$5-\sqrt{11}$ 的小数部分为 b，求 $a+b$ 的值。

5. 已知实数 a，b，满足 $a^2+\sqrt{a-4}+9=6b$。

①若 a，b 为 $\triangle ABC$ 的两边，求第三边 c 的取值范围；

②若 a，b 为 $\triangle ABC$ 的两边，第三边 c 等于 5，求 $\triangle ABC$ 的面积。

设计理念或意图：学以致用，加深学生对知识点的掌握。

（五）教学思考

1. 课堂体验

（1）总结经验，提升方法。本节课学习的是人教版七年级下册平方根的第二课时，主要知识是平方根的学习和运用。教材是教师提供的教学素材，可以根据学生的实际情况进行适当调整。

①注重概念的形成过程，让学生在概念的形成的过程中逐步理解。概念是由具体到抽象、由特殊到一般，经过分析，去掉非本质特征，保持本质属性而形成的。概念的形成过程也是思维过程，加强概念形成过程的教学，对提高学生的思维水平是很有必要的。在学习平方根的概念时，学生对正数有两个平方根不太容易接受，往往丢掉负的平方根。因此，在平方根的学习时，可多提一些具体的问题，如"9 的算术平方根是 3，也就是说，3 的平方是 9，还有其他的数的平方也是 9 吗？"，等等，让学生从具体的例子中判断出初步的平方根的概念，再让学生去讨论，然后通过具体的求平方根的练习，巩固新学的概念。

②设计之中多处运用类比的方法，使学生清楚新旧知识的区别和联系，如"平方根"和"算术平方根""平方"和"开平方"运算的区别和联系，加强学生对概念的掌握。

③根据学生的实际情况，灵活使用教材。教材上只安排了一道例题和几个"想一想"，为了让学生对新知进行巩固，笔者增加了部分练习题，让学生围绕"平方根"这一知识点进行了各种题型的变式练习。选题时要有层次、有梯度。教师在进行教学时可以根据学生的实际情况做适当的取舍。注重用不同的方式给学生以评价，效果较好。

（2）反思不足，反思前进。

①学生与教师配合不是很默契，师生互动和生生互动还不够理想。

②思考题没有给学生较多的思考时间。

③教学中没有让学生开展讨论，发挥集体的智慧。

④练习题还不够全面。

2.课堂思考

（1）五育培育。本案例蕴含着丰富的数学思想，通过情境中的象棋文化，让学生感受到中华优秀传统文化的博大精深，使学生树立文化自信，受到爱国主义教育。

（2）引导学生表达。教学中通过情境的引入、新课的教学及对联系的探究等，引导学生说出为什么，用口头语言或文字进行表达。

三、教学案例：数轴

（一）知识点

（1）数轴。

（2）中华优秀传统文化情境。《西游记》是中国古代第一部浪漫主义章回体长篇神魔小说，是我国四大古典名著之一，为明代吴承恩所著，深受大家喜爱。书中还蕴含着许多的数学智慧，如孙悟空的金箍棒就与数轴有形象的联系。

（二）课时目标

（1）了解数轴的概念，会用数轴上的点表示有理数。

（2）体会数轴三要素和有理数与数轴上的点的关系，从而体会数形结合思想。

（三）核心问题

正确掌握数轴的画法和用数轴上的点表示有理数，掌握有理数和数轴上的点的对应关系，初步理解数形结合的思想方法。

（四）课堂教学实录

片段1　情境引入，激发兴趣

师：同学们，你们喜欢《西游记》吗？

生：喜欢。

师：大家看一看视频（孙悟空的金箍棒），请大家注意观察金箍棒的变化。这变化像不像数轴？

生：像数轴。

数轴，一根不起眼的直线，看起来很"瘦"，但却有着孙悟空的金箍棒一样的无穷法力。千千万万、形形色色的有理数一旦回到数轴上，就像被数轴巨大的引力吸住了一样，变得规规矩矩、井然有序，从小到大在数轴上排成一队。想要数轴伸长时，它可以伸长，想要它缩短时，它可以缩短。

> 设计理念或意图：通过营造《西游记》的视频情境，形象生动地激发学生学习的热情，也帮助学生建立对数轴的初步印象。

片段2　再创情境，拓展提升，探究新知

数轴，它是数学上"数"与"形"的第一次"联姻"，是一种重要的数学工具，在学习有理数、相反数、绝对值和数的大小比较等时，它能解决很多难题。

师：前面的学习中，当"数不够用了"，就出现了什么？

生：有理数。

师：什么是有理数？

生：整数和分数统称为有理数。

师：有理数是怎样分类的？

生：按定义分，有理数分为整数（正整数、0、负整数）和分数（正分数、负分数），也可以说有理数可以分为正数、0、负数。

> 设计理念或意图：课堂阶段性评价，既是对学生前一环节表现的总结，也为下一环节学生积极参与教学做了铺垫。

师：同学们认识温度计吗？

生：认识。

师：温度计的用途是什么？

生：用于测量温度。

师：如图6-1所示，这是一个经过简化的温度计，水银柱在这个位置，表示温度是几度？

生：0 ℃。

师：如果水银柱升高到1，表示温度是几度？

生：1 ℃。

师：如果水银柱降低到-1，表示温度是几度？

生：-1 ℃。

师：与温度计类似，我们也可以在一条直线上画出刻度，标上读数，用直线上的点表示正数、负数和零。

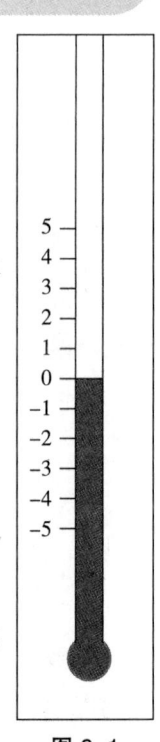

图6-1

（1）画一条水平的直线，在这条直线上任取一点作为原点（通常取适中的位置，如果所需的都是正数，也可偏向左边），用这点表示0。

（2）规定直线上从原点向右为正方向（箭头所指的方向），那么从原点向左为负方向（相当于温度计上0℃以上为正，0℃以下为负）。

（3）选取适当的长度作为单位长度，在直线上，从原点向右，每隔一个长度单位取一点，依次表示为1，2，3，…从原点向左，每隔一个长度单位取一点，依次表示为–1，–2，–3，…

设计理念或意图：运用所学的知识解决实际问题，真正做到学以致用。

师：原点表示什么数？

生：0。

师：表示＋2的点在什么位置？

生：原点右边2个单位处。

师：表示–4的点在什么位置？

生：原点左边4个单位处。

师：原点向右0.5个单位长度的A点表示什么数？

生：表示＋0.5。

师：原点向左1.5个单位长度的B点表示什么数？

生：表示–1.5。

师：请同学们根据老师画图的步骤，思考在一条水平的直线上都要画出什么？

生：原点、正方向和单位长度。

师：这就是我们要学习的内容——数轴。规定了原点、正方向和单位长度的直线叫作数轴。假如在数轴上，已知一点P表示数–5，如果数轴上的原点不选在原来位置，而改选在另一位置，那么P对应的数是否还是–5？

生：不是。

师：如果单位长度改变呢？

生：不是。

师：如果直线的正方向改变呢？

生：也不是。

师：数轴的三要素——原点、正方向和单位长度，缺一不可。画数轴的步骤是先画一条直线，在直线上任取一点为原点，在原点下方标注0，取正方向（一般向右的方向为正方向），选一个合适的长度为一个长度单位，这样从原点向右，依次为 1，2，3，4，…从 0 向左依次为 –1，–2，–3，–4，…

师：原点右方表示什么数？

生：正数。

师：原点左方表示什么数？

生：负数。

设 a 是一个正数，则数轴上表示数 a 的点在原点的右边，与原点的距离是 a 个单位长度；表示数 –a 的点在原点的左边，与原点的距离是 a 个单位长度。

所以有理数与数轴上的点是一一对应关系。

> 设计理念或意图：通过师生一起画数轴，提高学生动手、动脑和实际操作能力。

片段3　例题分析

例1. 画一条数轴，并画出表示下列各数的点。

1，5，0，–2.5，1.5

例2. 如图 6-2 所示，指出数轴上 A，B，C，D，E 各点分别表示什么数。

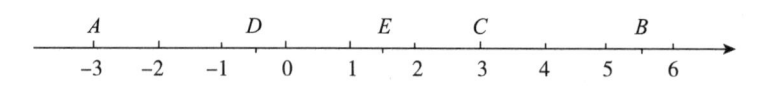

图 6-2

例3. 图 6-3 所示的图形为四位同学画的数轴，其中正确的是（　　）。

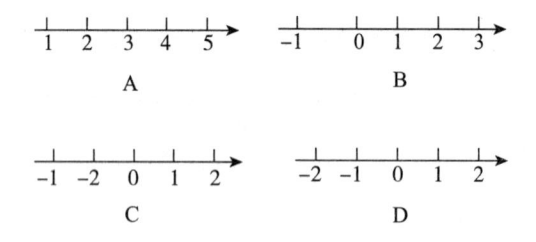

图 6-3

> 设计理念或意图：让学生动手自己画数轴，培养学生的实际操作能力。

师：现在请同学来了解数轴是如何发明的。

法国哲学家、数学家、物理学家笛卡儿有一天生病卧床，但他头脑一直没有休息,在反复思考一个问题:几何图形是直观的,而代数方程则比较抽象,能不能用几何图形来表示方程呢?关键是如何把组成几何图形的点和满足方程的每一组"数"挂上钩。突然,他看见屋顶角上的一只蜘蛛,拉着丝垂了下来,一会儿,蜘蛛又顺着丝爬上去,在上面左右拉丝。蜘蛛的"表演"使笛卡儿思路豁然开朗。他想,可以把蜘蛛看作一个点,它在屋子里可以上、下、左、右运动,能不能把蜘蛛的每个位置用一组数确定下来呢?他又想,屋子里相邻的两面墙与地面交出了三条线,如果把地面上的墙角作为起点,把交出来的三条线作为三根数轴,那么空间中任意一点的位置,不是都可以用这三根数轴上找到的有顺序的三个数来表示吗?就这样,数轴开始出现在数学中。

师:通过笛卡儿发现数轴,大家有什么体会?

生:数学家太聪明了,通过蜘蛛网,就能和数学联系起来,发明了数轴。

生:我为数学家的探究创新精神所折服。

师:同学们说得好,是的,知识和智慧无处不在,只要我们有一双善于观察的眼睛和勤于思考的习惯,就能发现生活中的数学知识。

> 设计理念或意图:将数学文化与数学知识有机地融合起来,彰显数学文化的本性;激发学生学习数学的热情。

片段4 练习巩固

1.先画出数轴,然后在数轴上画出表示下列各数的点。

-1,0,4,-5,$1\frac{1}{4}$,-2.5。

2.如图6-4所示,在所给数轴上画出表示下列各数的点。

$+6$,1.5,-6,$2\frac{1}{2}$,0,0.5,$-3\frac{1}{2}$。

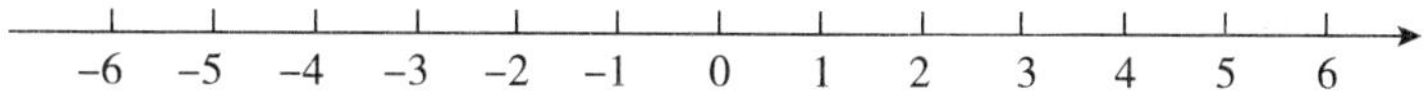

图6-4

3. 如图 6-5 所示,所画数轴正确的是（　　）。

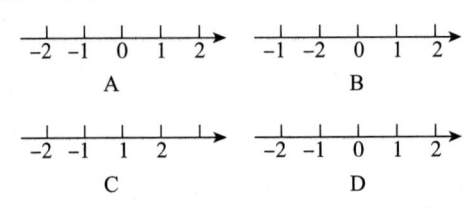

图 6-5

4. 一只小虫在直线上爬行,它先向右爬行 2 cm,再向左爬行 1 cm,接着又向右爬行 2 cm,向左爬行 1 cm。这样重复五次后,这只小虫所在的位置在出发点的哪一方？离出发点有多远？画出数轴并解答。

5. 在数轴上,从原点开始,先向右移动 2 个单位,再向左移动 3 个单位后到达终点,这个终点表示的数是（　　）。

A.5　　B.1　　C.-1　　D.-5

设计理念或意图：学以致用,加深学生对知识点的掌握。

(五) 教学思考

1. 课堂体验

（1）创设情境,激发兴趣。通过《西游记》的视频情境引入,形象生动地激发学生学习的热情,帮助学生建立了对数轴的初步印象。数轴是初中数学中非常重要的一节内容。从知识上讲,它是数学学习和研究的重要工具,主要应用于绝对值概念的理解、有理数运算法则的推导及不等式的求解,同时,它也是学习直角坐标系的基础。从思想方法层面讲,数轴是数形结合的起点,而数形结合是学生理解数学、学好数学的重要思想方法。同时,数轴又能将数的分类直观地表现出来,是学生领悟分类思想的基础。日常生活中常见的用温度计测量温度已为学生学习数轴概念打下了一定的基础。通过问题情境类比得到数轴的概念,是这节课的主要学习方法。

（2）注重体验,数形转化。

①教学过程突出了从情境到抽象到概括的主线,教学方法体现了从特殊到一般、数形结合的数学思想。

②注意从学生的知识经验出发,充分发挥学生的主体意识,让学生主动参与学习活动,并引导学生在课堂上感悟知识的生成、发展与变化,培养学生自主探索的

学习能力。

③学生画数轴时，怎样确定原点的位置？怎样确定单位长度？在数轴上画出几个单位长度？这些都与有理数的绝对值有关，要根据具体情况而定。学生在本节的学习中还存在疑问。

总之，数轴是数形转化、结合的重要媒介。情境设计的原型来源于生活实际，学生易于体验和接受，让学生通过观察、思考和自己动手操作，经历和体验数轴的形成过程，加深对数轴概念的理解，同时培养学生的抽象和概括能力，也体现了从感性认识到理性认识，再到抽象概括的规律。

（3）找出遗憾，总结提升。

①七年级的学生刚刚学习有理数中的正负数，对正负数的概念理解不一定很深刻，应全面系统地去讲述。

②学生对数轴概念和数轴的三要素不易理解，容易造成画图时丢三落四的现象，所以教师应予以简单明白、深入浅出的分析。

③由于七年级学生具有好动性，注意力容易分散，爱发表见解，希望得到教师的表扬，所以在教学中应抓住学生的这一心理，一方面要运用直观生动的形象，激发学生的兴趣，使他们的注意力始终集中在课堂上；另一方面，要创造条件和机会，让学生发表见解，发挥学生的主动性。

2. 课堂思考

（1）五育培育。创设《西游记》故事情境，引入数轴的相关知识，画数轴进行实际体验，展示数学的美，借助练习教学活动，让学生在教学中开展体育运动，体现了团结意识，通过教学合作探究，体现了互相帮助。笛卡儿发现数轴的故事让学生深深体会到，只有善于发现和思考，才可能创造奇迹。

（2）引导学生思考。教学中通过孙悟空金箍棒的变化、数轴的发现、练习题的一题多变、数轴的定义归纳及数轴的特点等，引导学生思考。

四、教学案例：正数和负数

（一）知识点

（1）正数和负数。

（2）中华优秀传统文化情境。《孟子》是战国时期孟子的言论汇编，是儒家经典著作。《孟子》一书中有"邻国之民不加少，寡人之民不加多"，其中"加少"就是减少，即加上了负数的意思。秦汉时的古代算经《九章算术》中明确提出："以卖为正，则买为负；余钱为正，亏钱为负。"我国三国时期的学者刘徽在建立负数的概念上有重大贡献。刘徽首先给出了正负数的定义，他说："今两算得失相反，要令正负以名之。"[11]意思是说，在计算过程中遇到具有相反意义的量，要用正数和负数来区分它们。负数在国外得到认识和被承认，较之中国要晚得多。在印度，人们在公元628年才认识负数。直到17世纪，荷兰人日拉尔（1629年）才首先认识和使用负数解决几何问题。

（二）课时目标

（1）了解负数是从实际需要中产生的，能判断一个数是正数还是负数；理解数"0"表示的量的意义，会用正负数表示实际问题中具有相反意义的量。

（2）借助实例理解有理数的意义，体会负数引入的必要性和有理数应用的广泛性。

（3）体验数学发展的一个重要原因是生活实际的需要，激发学生学习数学的兴趣。

（三）核心问题

正、负数的概念，理解负数的概念和数"0"表示的量的意义。

（四）课堂教学实录

片段1　情境引入，激发兴趣

师：大家知道，数学与数是分不开的，它是一门研究数的学问。现在我们一起来回忆一下，小学里已经学过哪些类型的数？

生：自然数、质数、奇数、偶数、整数、分数、小数……

师：我们在小学主要学的数是有理数，同时我们也学习了π这样的无理数，我们在初中阶段将更系统地学习这些数。在实际生活中，还有许多量不能用上述所说的自然数、零或分数、小数表示，那我们该如何表示这些数字？

> 设计理念或意图：温故而知新，使学生感受数的产生和发展离不开生活和生产的需要。

片段2　再创情境，拓展提升，探究新知

某市某一天的最高温度是零上3℃，最低温度是零下3℃，要表示这两个温度，如果只用小学学过的数，都记作3℃，就不能把它们区别清楚。它们是具有相反意义的两个量。

第六章　渗透中华优秀传统文化的教学案例

师：在中国地形图上，可以看到珠穆朗玛峰上标着 8 848.86，吐鲁番盆地，地图上标着 –154.31，这两个数表示的高度是相对于海平面来说的，同学们能说说 8 848.86、–154.31 各表示什么吗？哪些是正数，哪些是负数？

生：8 848.86 是正数，–154.31 是负数。

师：什么样的数是正数？什么样的数是负数

生：大于 0 的数叫作正数，在正数前加上符号"–"（负）的数叫负数。

师：正数的符号是"+"，负数的符号是"–"。0 既不是正数也不是负数。

在日常生活中，常会遇到这样一些量（事情）。

（1）汽车向东行驶 3 千米和向西行驶 2 千米。

（2）温度是零上 10 ℃和零下 5 ℃。

（3）收入 500 元和支出 237 元。

（4）水位升高 1.2 米和下降 0.7 米。

师：如果规定向东为正，向西为负，我们怎样表示所给的量。

生：汽车向东行驶 3 千米记为 +3 千米，向西行驶 2 千米记为 –2 千米。温度是零上 10 ℃记为 +10 ℃，零下 5 ℃记为 –5 ℃。收入 500 元记为 +500 元，支出 237 元记为 –237 元。水位升高 1.2 米记为 +1.2 米，下降 0.7 米记为 –0.7 米。

师：向东和向西、零上和零下、收入和支出、升高和下降都具有相反意义。同学们能举出日常生活中具有相反意义的量吗？

生：小华比我高 5 厘米，小江比我矮 3 厘米。

师：这个例子举得不错。

设计理念或意图：通过创设情境丰富学生对中国大好河山的了解，激发学生对祖国的热爱。

学生对正数、负数的概念有了初步的认识，同时意识到正数与负数是相对的。用正数、负数表示相反意义的量是本节的重点。通过例题的设置可让学生更深刻地理解正、负数的意义。从生活中的实际出发，举一些实际生活中有相反意义的量，说明为了表示相反意义的量，我们需要引入负数，这样做强调了数学的严密性，对于学生来说，易体验到负数是现实生活的需要，感受到数学与现实生活的密切联系和价值。

片段3　例题分析，知识迁移

例1. 一个月内，小明体重增加 2 kg，小华体重减少 1 kg，小强体重无变化，写出他们这个月的体重增长值。

例2. 某年，下列国家的商品进出口总额比上年的变化情况是，美国减少 6.4%，德国增长 1.3%，法国减少 2.4%，英国减少 3.5%，意大利增长 0.2%，中国增长 7.5%。写出这些国家这一年商品进出口总额的增长率。

师：同学们是怎么理解例1的？

生：小明体重增加 2 kg，说明小明这个月的体重增长值为 +2 kg。小强体重无变化，说明小强这个月的体重增长值为 0 kg。小华体重减少 1 kg，怎么说明呢？

师：体重增长值可能是正的，也可能是负的。体重增长值为负数，相当于体重减少。小华体重减少 1 kg，说明小华体重增长值为 –1 kg。

> 设计理念或意图：通过对实际问题的分析，学生学会用正数与负数表示具有相反意义的量的方法；通过师生合作，学生突破用正数、负数表示指定方向变化的量这一难点；通过不断追问，教师引导学生逐步理解题意，重点是找出表示具有相反意义的量的词。

历史上，负数曾经得到非议，直到 16 世纪，欧洲大多数的数学家都还不承认负数，他们觉得"0 就是什么也没有"，还有什么东西能够比"什么也没有"还小呢？法国数学家帕斯卡则认为，从 0 减去 4 是纯粹的胡说。[12]

片段4 练习巩固

练习巩固：

1.–10 表示支出 10 元，那么 +50 表示（　　　）；如果零上 5 ℃记作 5 ℃，那么零下 2 ℃记作（　　　）；如果上升 10 m 记作 10 m，那么 –3 m 表示（　　　）。

2.下面说法正确的是（　　　）。

A. 正数都带有"+"号

B. 不带"+"号的数都是负数

C. 小学数学中学过的数都可以看作正数

D. 0 既不是正数也不是负数

3.如果把一个物体向右移动 1 m 记作移动 +1 m，那么这个物体又移动了 –1 m 是什么意思？如何描述这时物体的位置？

拓展提高：

1.某地冬季某一天的气温为 –3～2 ℃，则这一天的温差是（　　　）。

A.1 ℃　　B.–1 ℃　　C.5 ℃　　D.–5 ℃

2. 如果盈利 5% 记作 +5%，那么 –3% 表示（　　）。

A. 亏损 3%　　　B. 亏损 2%

C. 盈利 3%　　　D. 盈利 2%

3. 请把下列各数填入相应的集合中。

$\frac{3}{5}$, -2, -3.8, $-\frac{2}{3}$, 0, 3.25。

正分数集合：

整数集合：

负数集合：

> 设计理念或意图：学以致用，加深学生对知识点的巩固。

4. 甲地的高度是 40 m，乙地的高度为 30 m，丙地的高度是 –20 m，哪个地方最高？哪个地方最低？最高的地方比最低的地方高多少？

5. 某足球守门员练习折返跑，从守门员位置出发，向前跑记为正数，向后跑记为负数，他的练习记录如下（单位：米）：+5，–3，+10，–8，–6，+13，–10。

（1）守门员最后是否回到了守门员位置？

（2）守门员离开守门员位置最远是多少米？

（3）守门员离开守门员位置达到 10 米以上（包括 10 米）的次数是多少？

（五）课堂反思

（1）到目前为止，我们学习的数有哪几种？

（2）什么是正数、负数？零仅仅表示"没有"吗？

（3）正数和负数起源于表示两种相反意义的量，后来正数和负数在许多方面被广泛应用。

（4）通过本节课的学习，有什么感想？你对中华优秀传统文化有什么理解？

> 设计理念或意图：在教学过程中，学生易出现遗忘，课堂小结有助于巩固本节课的知识，通过总结，完善学生已有知识结构。

（六）教学思考

1. 课堂体验

（1）创设情境，激发兴趣。通过创设情境引导学生参与探究，学生的参与热情高涨，学习效果很好，教学目标已经达成，学生理解了正数、负数的概念。课堂体现了学生自主学习、交流讨论的教学理念，教学中要让学生体验数学知识在实际中的合理应用，使学生在体验中感悟和深化知识，通过实际例子的学习激发学生学习数学的兴趣。

（2）总结经验，提升能力。数学活动需要通过学生的操作、思考、讨论和合作交流来完成，恰当的活动形式有利于数学活动的开展，有利于学生感悟数学思想与方法。但是，数学活动不是教学形式的"花样翻新"，更不是"作秀"。课堂让学生通过对话、倾听、欣赏、互动和共享，实现了数学活动的有效性。

2.课堂思考

（1）五育培育。通过创设珠穆朗玛峰与吐鲁番盆地的数学情境，学生了解了中国的大好河山，激发了对祖国的热爱；教学中巧妙地向学生介绍《孟子》中的数学思想等，将中华优秀传统文化、数学文化与数学知识灵活地融合起来，彰显数学文化的本性，激发学生的爱国热情，使其坚定文化自信；注意与学生合作的学习方式，让学生在与他人的合作中受益，学会交流，学会倾听别人的意见和建议；实现了德育与智育的融合。

（2）引导学生思考。数学教学必须关注全体学生，充分调动他们主动参与数学活动的积极性，使他们真切地体验、感悟和理解数学，引发数学思考。

（3）引导学生表达。让学生举例说出已学过的整数、小数、分数，引入学习的新的内容；给学生充足的时间合作探究并归纳（用自己的语言叙述）怎样用符号来表示具有相反意义的量，重在培养学生自主学习的能力和语言表达能力。

五、教学案例：一元二次方程的根与系数的关系

（一）知识点

（1）一元二次方程的根与系数的关系。

（2）中华优秀传统文化情境。中国古代有许多数学家，他们为人类的发展做出了不可磨灭的贡献，赵爽就是其中之一。赵爽，字君卿，是东汉末至三国时代人，他出身贫寒，父亲是做小本生意的，平时帮助父亲干活，一有空就发愤读书。他研究过张衡的天文数学著作《灵宪》以及刘洪的《乾象历》，对《周髀算经》和《九章算术》也进行了深入的研究，并做了详细注解。他是继《九章算术》的作者以后，对数学进行理论研究的开山之祖，在数学方面的突出贡献主要是写了《勾股方圆图注》，该注中第一次正确地给出了勾股定理的理论证明，关于一元二次方程中根与

系数的关系定理，也是在该注中给出的。

（二）课时目标

（1）要求学生在理解的基础上掌握一元二次方程根与系数的关系式，能运用根与系数的关系由已知一元二次方程的一个根求出另一个根与未知数，会求一元二次方程两个根的倒数和与平方和、两根之差。

（2）通过一元二次方程根与系数的关系的教学过程，学生经历观察、实验、猜想和证明等数学活动过程，发展推理能力，能有条理地、清晰地阐述自己的观点，进一步培养学生的创新意识和创新精神。

（三）核心问题

通过教学一元二次方程根与系数的关系，使学生经历观察、实验、猜想和证明等教学过程，发展学生的推理能力，激发学生的求知欲望，培养其积极的学习态度，从而使学生体验学习活动的成功感，建立自信心。

（四）课堂教学实录

片段1 情境引入，激发兴趣

在法国和西班牙的战争中，法国人对于西班牙的军事动态总是了如指掌，在军事上总能先发制人，因而不到两年功夫就打败了西班牙。可怜的西班牙的国王对法国人在战争中的"未卜先知"十分恼火却又无法理解，认为是法国人使用了"魔法"。原来，是韦达利用自己精湛的数学方法，成功地破译了西班牙的军事密码，为他的祖国赢得了战争的主动权。

下面我们就开始学习一元二次方程根与系数的关系。

设计理念或意图：通过故事情境引入，营造轻松的教学氛围，渗透数学文化，激发学生学习兴趣。

片段2 再创情境，拓展提升，探究新知

师：$(x-x_1)(x-x_2)=0$（x_1，x_2为已知数）的两根是什么？将方程化为$x^2+px+q=0$的形式，你能看出x_1，x_2与p，q之间的关系吗？

生：$(x-x_1)(x-x_2)=0$，$x^2+(x_1+x_2)x+x_1 \times x_2=0$。

如果$x_1+x_2=-P$，$x_1 \times x_2=q$，那么$x^2+px+q=0$。

如果方程$x^2+px+q=0$的两根是x_1，x_2，那么$x_1+x_2=-p$，$x_1 \cdot x_2=q$。

师：如果一元二次方程$ax^2+bx+c=0$（$a \neq 0$）的两个根分别是x_1、x_2，那

么，$x_1+x_2=-\dfrac{b}{a}$，$x_1 \cdot x_2=\dfrac{c}{a}$。

证一证：

$$x_1+x_2=\dfrac{-b+\sqrt{b^2-4ac}}{2a} \cdot \dfrac{-b-\sqrt{b^2-4ac}}{2a}$$

$$=-\dfrac{b}{a}$$

$$x_1 \cdot x_2=\dfrac{-b+\sqrt{b^2-4ac}}{2a} \cdot \dfrac{-b-\sqrt{b^2-4ac}}{2a}$$

$$=\dfrac{b^2-(b^2-4ac)}{4a^2}$$

$$=\dfrac{4ac}{4a^2}$$

$$=\dfrac{c}{a}$$

设计理念或意图：学生通过计算、观察、分析，发现一元二次方程中根与系数的关系，发展学生的感性认识；学生体会由特殊到一般的认识过程；进一步分析、验证根与系数的关系，为从感性认识到理性认识打好基础；探究根与系数关系的结论，培养了学生严谨的学习态度。

片段3 例题分析

例1. 利用根与系数的关系，求下列方程的两根之和、两根之积。

（1）$x^2+7x+6=0$ （2）$2x^2-3x-2=0$。

例2. 已知方程$5x^2+kx-6=0$的一个根是2，求它的另一个根及k的值。

变式：已知方程$3x^2-18x+m=0$的一个根是1，求它的另一个根及m的值。

例3. 不解方程，求方程$2x^2+3x-1=0$的两根的平方和、倒数和。

片段4 练习巩固

设x_1，x_2为方程$x^2-4x+1=0$的两个根，则：

（1）$x_1+x_2=$____；（2）$x_1 \cdot x_2=$____；（3）$x_1^2+x_2^2=$____；（4）$(x_1-x_2)^2=$____。

（五）课堂反思

二元一次方程中根与系数的关系是什么？

设计理念或意图：教学过程中让学生先自主探究，独立完成，最后教师再予以评讲，让学生理解并掌握根与系数的关系；对于学生在探索过程中的问题也给予评析，进行反思。

（六）教学思考

1. 教学体验

（1）创设情境，激发兴趣。本节课通过数学故事引入，渗透数学文化，激发了学生的学习兴趣。教学过程中通过介绍数学家赵爽，渗透了中华优秀传统文化，增强学生的民族自豪感，激发学生的学习兴趣。

从用熟知的解法解一元二次方程的过程中探索根与系数的关系，并发现可用系数表示的求根公式来证明这个关系，再通过问题探讨帮助学生运用这个关系解决问题，注重了知识产生、发展和出现的过程及应用。

教学过程中贯穿以旧引新，体现温故而知新的思想。从具体到抽象，从特殊到一般，从简单到复杂，从猜想到论证，使学生在体验知识发生、发展和应用的过程中理解和掌握化归思想。

教材把本节作为了解的内容，笔者对本节内容进行了一定的延伸，同时也可以激发同学们学习的兴趣。

（2）总结得失，提升能力。探索根与系数的关系，用系数表示的求根公式来证明这个关系，再通过问题探讨，帮助学生运用这个关系解决问题。通过数学故事引入，渗透数学文化，激发了学生的学习兴趣。

在教学中对学情分析不足，学困生较多，对学生的学习能力估计不足，在对学生的学法指导还没有完全到位的情况下放手让学生交流，在这方面时间控制的难度较大；如果在学生得出结论后，再辅助以简单的课堂练习，加深学生对结论的理解、熟悉和应用，那么课堂中的交流将更深入，效率将更高。

2. 课堂思考

（1）五育培育。教学中，渗透中华优秀传统文化，增强学生的民族自豪感，同时使其感受到科学精益求精的精神和劳动态度，探索出根与系数的关系的表达式，较好地将"五育"融入数学教学之中。

（2）引导学生思考。教学中利用根与系数的关系，利用变形形式进行代数式求值、一题多变、渗透中华优秀传统文化等形式，引导学生思考。

（3）引导学生表达。教学中，结合情境、思考的问题，引导学生用自己的话表达出来。

第三节　渗透数学之美的教学案例和教学思考

数学源于实践，和大自然、社会生活紧密相连。我国古代留下的许多建筑文化、非物质文化遗产及服饰文化等，蕴藏着许多数学文化、数学元素。数学教师应当带领学生到大自然中、到社会中去认识美、发现美。在我们生活的周围，造型各异的建筑结构、许多自然景观都与数学中的几何图形相联系。对大自然的认识，可以使学生产生对数学的激情，提高其学习数学的兴趣。教师可以介绍数学史，让学生欣赏历史上的数学美。教育的主要任务是让学生在德智体美劳等方面全面发展，在倡导五育并举的当前，笔者在数学教学中渗透中华优秀传统文化数学之美方面，积累了一些案例和教学思考。

一、教学案例：等腰三角形的性质

（一）知识点

（1）等腰三角形的性质。

（2）中华优秀传统文化情境。古诗词是我们共同的财富，是中华民族优秀的瑰宝。在古诗词中有许多的数学思想和数学智慧。例如，清代高鼎写的诗《村居》除了描写一幅春天美丽图画外，还蕴含数学思想。

（二）课时目标

（1）探索并掌握等腰三角形的性质及其证明。

（2）体会性质证明的必要性，理解证明的基本过程，掌握综合法证明的格式，运用等腰三角形的性质进行证明和计算。

（3）在探究、证明等腰三角形性质的过程中，培养学生的观察力，归纳总结、逻辑推理和数学表达能力，并使学生在运用数学知识解答问题的活动中获取成功的体验，建立学习的自信心。

（4）了解民族文化。

（三）核心问题

探索并掌握等腰三角形的性质及其证明方法，培养学生的观察力，归纳总结、逻辑推理和数学表达能力。

（四）课堂教学实录

片段1　情境引入，激发兴趣

师：今天上新课前老师想与同学们做一个小活动。请我们班的少数民族同学站起来。

（少数民族学生迅速站了起来。）

师：请我们班的汉族同学帮忙数一数，我们班有多少位少数民族同学。

生：1、2、3、4……有18位。

师：你是怎样快速得到结果的？

生：我们班共有四个组，我把四个组的少数民族同学的个数加起来就得到了。

师：你的这个方法好，比一个一个数要简便很多，值得大家借鉴。

> **设计理念或意图**：通过引入学生生活中的事，激发他们研究的热情，也激起了学生的学习兴趣。

师：下面，请班上的少数民族同学说一说你们家现在居住的房屋是什么样子的。

生1：我家住的二层小平房。

生2：我家住的一层瓦房。

生3：我家住的是吊脚楼，底层悬空，一、二层是木材结构，用瓦铺设了房顶。

师：谢谢同学们的分享。有多少同学了解吊脚楼呢？

生：了解得不多。

师：吊脚楼是生活在贵州、广西及湖南等地的布依族、苗族、瑶族、侗族等少数民族共有的民居样式。千百年来，这里的人们为了适应南方多雨的气候，创造了这种底层架空，既防潮通风、防兽防虫，又较好地保护了有限的土地资源和脆弱的生态环境的干栏式民居，它是我国传统民居的优秀代表之一。

在我们生活的黔西南地区，重峦叠嶂，溪流纵横，雨水充沛，生活在这里的布依族、苗族等少数民族，在千百年的劳动生产实践中根据当地的地形、气候、建筑材料及生活习惯等，不断总结经验，创造性地修建了独具地方特色的吊脚楼等民居，这些建筑在展示我国传统建筑文化多样性的同时，也丰富了我国传统建筑文化的内容，成为我国传统建筑文化不可缺少的组成部分。

今天这些工艺精湛、历史悠久的建筑物越来越受到世人的关注，有的已被列入文物保护的行列，得到很好的保护。

同学们仔细观察吊脚楼的形状，它的上方像什么图形？

生：吊脚楼上方的结构像三角形。

师：从远处看，吊脚楼上方的结构像三角形。关于三角形，同学们不陌生，在小学我们就接触过，并且了解锐角三角形、直角三角形、钝角三角形、等腰三角形、等边三角形及三角形的周长和面积的求法。那请同学们来说一说吊脚楼上方的三角形是什么三角形。

（学生你看看我我看看你。）

生：说不清楚。请老师解释给我们听。

师：带着这个问题，我们一起走进今天的课堂。

设计理念或意图：以少数民族学生居住的房屋（吊脚楼）为切入点开始，让学生感受数学就在我们身边，从而激发学生的学习积极性。

片段2 再创情境

师：春天到了同学们最想干什么呢？

生：想吃好吃的，玩好玩的。

师：那喜欢玩什么呢？

生：想去万峰林骑单车，想去万峰林放风筝……

师：你们讲得老师都想去玩了，那你们放过什么样子的风筝？

生：有小燕子的，还有三角形的……

师：那你们知道风筝的来历吗？

生：不知道，老师给我们讲一讲好吗？

设计理念或意图：通过引入学生生活中的事，激发学生研究的热情，提高学生学习的兴趣。

师：好的。"风筝"一词始见于五代，明代陈沂《询刍录》记载："五代李邺于官中作纸鸢，引线乘风戏。后于鸢首，以竹为笛，使风入竹，如鸣筝，故名风筝。"

清代诗人高鼎写的七言绝句《村居》，此诗描写了诗人居住在乡村时因春天来临而喜悦，所见到的春天景象和放学后孩子们放风筝的情景。我们大家一起来欣赏一下：

村居

高鼎（清）

草长莺飞二月天，拂堤杨柳醉春烟。儿童散学归来早，忙趁东风放纸鸢。

风筝以前叫纸鸢，中国是风筝的故乡。南方称其为"鹞"，北方称其为"鸢"。

风筝以前主要是三角形的，前面尖尖的，减小阻力，而且便于控制方向，现在各式各样的都有。

师：那今天我们来学习一下等腰三角形的其他性质。

设计理念或意图：让学生不仅学习数学知识，还了解民族文化中蕴含的知识，引起民族自豪感。

片段3　拓展提升，探究新知

师：请同学们把一张长方形的纸片对折，剪去（或用刀子裁）一个角，再把它展开，得到的是什么三角形？

（教师示范操作，然后学生跟着动手操作。）

生：（观察得出结论）剪刀剪过的两条边是相等的，剪出的图形是等腰三角形。

师：（根据学生回答，板书）等腰三角形。（师生共同回顾）有两条边相等的三角形，叫作等腰三角形，相等的两边叫作腰，另一条边叫作底，两腰所夹的角叫作顶角，底边与腰的夹角叫作底角。

（请一个小组4名同学通过实物展台，边操作边汇报。）

师：剪出的三角形是轴对称图形吗？你们能发现这个三角形有哪些特点吗？它具有怎样的特性呢？

生：可以完全重合，所以它是轴对称图形。

（教师出示刚才剪下的等腰三角形纸片，按照如图6-6所示标上字母。）

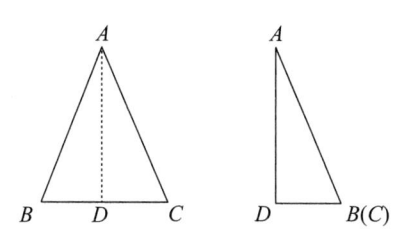

图 6-6

师：把边AB叠合到边AC上，这时点B与C重合，并出现折痕AD，观察图形，$\triangle ADB$与$\triangle ADC$有什么关系？图中哪些线段或角相等？那么就请同学们尝试一下！哪位同学想把实验结果与大家交流交流？

生：$\triangle ADB$与$\triangle ADC$重合，$\angle B=\angle C$，$\angle BAD=\angle CAD$，$\angle ADB=\angle CDA$，$BD=CD$。

（课件显示同学的猜想：等腰三角形的两底角相等。三角形的顶角的平分线、底边上的中线、底边上的高互相重合。）

师：（1）性质1（等腰三角形两个底角相等）的条件和结论分别是什么？

（2）用数学符号如何表达条件和结论？

（3）如何证明？

师：（板书）已知：在△ABC中，AB=AC。求证：∠B=∠C。

说明：将等腰三角形写成已知条件时，通常写成"在△ABC中，AB=AC"而不写成"等腰"两个字。教师引导学生回答：要证两个角相等，可以转化为前面所学过的三角形全等，而图形只有一个三角形，如何添加辅助线使它转化成两个三角形？

师：通过刚才的折叠等腰三角形的实验，很容易得到辅助线，作高AD或作顶角的平分线AD。我们得到等腰三角形的如下性质：

性质1：等腰三角形的两个底角相等，简称等边对等角。（板书。）

（4）受性质1的证明启发，你能证明性质2（等腰三角形顶角平分线、底边上的中线和底边上的高相互重合）吗？

（教师提示总结。）

设计理念或意图：培养学生对推理过程的规范书写，使学生感受数学的严谨性。

片段4 例题分析

例1. 如图6-7所示，在△ABC中，AB=AC，点D在AC上，且BD=BC=AD，求△ABC各角的度数。

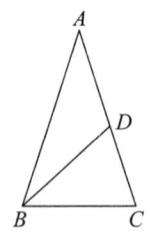

图6-7

例2. 如图6-8所示，在△ABC中，AB=AD=DC，∠BAD=26°，求∠B和∠C的度数。

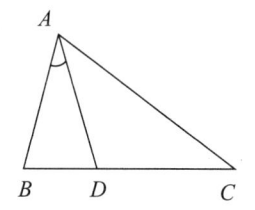

图 6-8

例 3. 如图 6-9 所示，已知点 D、E 在 △ABC 的边 BC 上，AB=AC。

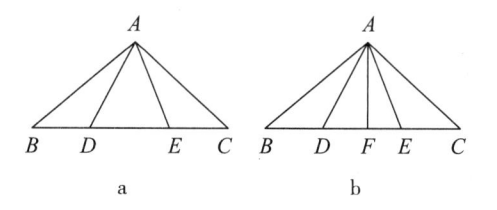

图 6-9

（1）若 AD=AE，求证：BD=CE。

（2）若 BD=CE，F 为 DE 的中点，求证：AF⊥BC。

设计理念或意图：教学的目的在于提升学生的创新能力，知识的拓展就是为了实现这一目的。

片段5　练习巩固

1. 如果等腰三角形的顶角是 36°，那么它的底角的度数是____。

2. 在 △ABC 中，AB=AC，∠BAC=90°，AD 是 BC 边上的高。则 ∠BAC=____，BD=____=____。

设计理念或意图：通过练习让学生了解本节课的重点知识，学以致用，加深学生对知识点的巩固；对知识进行系统的归纳，是对知识的提升和消化。

（五）课堂反思

（1）本节课我们学到了哪些知识？等腰三角形常用辅助线的作法（作底边上的高、作底边上的中线，以及作顶角的平分线）。

（2）大家学习了等腰三角形的相关知识，你能否用所学知识解决生活中的问题呢？

（3）通过学习后，结合你的了解谈谈布依族建筑文化与数学的联系。

· 147 ·

（六）教学思考

1. 教学体验

（1）创设情境，激发学生兴趣。本课例通过创设少数民族同学居住的房屋结构——吊脚楼和学生喜欢的户外活动放风筝情境，引入新课，调动了学生的积极性，同时介绍了吊脚楼和风筝的来历，进行了中华优秀传统文化的渗透。课堂气氛和谐，学生在轻松的氛围中既学到知识又受到教育。

（2）渗透布依族建筑文化，感悟数学就在身边。教学中将布依族村寨的吊脚楼图片呈现给学生。由于受到中国古代礼制的影响，古建筑无论是正面、侧面都讲究中轴对称，所以大部分古建筑侧面都会呈等腰三角形。

（3）动手操作。让学生通过中华优秀传统文化的剪纸来认识等腰三角形，再通过折纸、猜测和验证等实际的操作让学生感悟出等腰三角形的性质，然后运用全等三角形的知识加以论证，在教学设计中遵循由个别形象到一般抽象、由感性到理性的认知规律，使学生的思维由形象直观过渡到抽象的逻辑演绎，层层展开，步步深入，真正实现以学生为主体的教学宗旨。

（4）总结不足，提升能力。

①针对学生归纳和抽象的逻辑思维能力略显不足，归纳结论也没有方向性的情况，及时对学生进行引导，通过翻折等腰三角形得出它是轴对称图形的结论，然后推导等腰三角形的性质。

②在教学方法上，采用了让学生自主探索、发现规律的方法。学生剪出等腰三角形并对折，利用有关轴对称图形的结论来理解等腰三角形的性质。

2. 课堂思考

（1）五育培育。本案例通过创设学生喜欢的活动放风筝情境导入，让学生明白了生活中处处有数学；通过渗透中华优秀传统文化，让学生感受到诗歌的美，同时感受到中华传统文化的博大精深；将布依族吊脚楼与等腰三角形联系起来，既让学生感受到民族建筑的对称之美，又激发了学生热爱家乡的情怀；通过剪纸、对折和猜测等活动，使学生感受到劳动创造智慧。德智体美劳五育在教学中有效融合，也较好地培育了学生的核心素养。

（2）引导学生思考。教学中，通过情境创设、动手操作、布依族建筑的渗透及合作探究等，较好地引导了学生思考。

（3）引导学生表达。教学中根据情境、合作探究等，引导学生口头或文字表达：

通过剪纸、对折和猜测等，说说等腰三角形的性质是什么？观看了布依族的吊脚楼，你们想到了什么？等等。

二、教学案例：投影

（一）知识点
（1）投影。

（2）中华优秀传统文化情境。皮影戏是中华优秀传统文化之一，是历史久远的传统艺术，旧称"影子戏""灯影戏"，是一种用蜡烛或燃烧的酒精等光源照射兽皮或纸板做成的人物剪影以表演故事的民间戏剧。表演时，艺人们在白色幕布后面，一边操纵戏曲人物，一边用当地流行的曲调唱述故事（有时用方言），同时配以打击乐器和弦乐，有浓厚的乡土气息。在河南、山西、陕西及甘肃等地的农村，这种拙朴的汉族民间艺术形式很受人们的欢迎。皮影戏不但深受人们喜欢，还蕴含丰富的数学文化。

（二）课时目标
（1）了解投影、投影面、平行投影和中心投影的概念。

（2）了解平行投影和中心投影的区别，培养学生运用投影的性质解决实际问题的能力。

（3）渗透中华传统文化，使学生关注生活中有关投影的数学问题，提高应用数学的意识。

（三）核心问题
理解平行投影和中心投影的特征，在投影面上画出平面图形的平行投影或中心投影。

（四）课堂教学实录
片段1　情境引入，激发兴趣

活动：观察与思考。

举例或展示利用光线产生影子的现象和应用。

学生活动：同学可以用自己的手指在墙面上投影来表演某些动物，可让同学来说说日晷的构成和大致原理。同时，再请同学举一些利用光线产生影子的例子。

教师活动：用视频介绍皮影戏。

> 设计理念或意图：通过微课介绍日晷、皮影戏，引入中华优秀传统文化，在彰显艺术之美的同时加深学生对投影及相关概念的认识，使其了解古代劳动人民的智慧，发展民族自豪感；引起学生的学习兴趣，彰显数学文化的本性，激发学生学习数学的热情。

片段2　再创情境，拓展提升，探究新知

思考：你知道物体与影子有什么关系吗？

（物体在日光或灯光的照射下，会在地面、墙壁等处形成影子，可见影子与物体的形状有密切的关系。）

活动：归纳总结投影的含义。

投影：用光线照射物体，在某个平面上得到的影子叫作物体的投影，照射的光线叫投影线，投影所在的平面叫投影面。

物体的投影和物体的形状有密切关系。

活动：平行投影。

有时光线是一组互相平行的射线，如探照灯光的一束光中的光线。由平行光线照射而形成的投影叫作平行投影。

> 设计理念或意图：进一步感知投影及其相关概念，培养学生的概括能力、语言表达能力。

图片展示平行投影的例子：物体在太阳光的照射下形成的影子（简称日影）就是平行投影。日影的方向可以反映时间，我国古代的计时器日晷就是根据日影来观测时间的。

活动：中心投影。

由同一点（点光源）发出的光线照射而形成的投影叫作中心投影。

例如：物体在灯泡发出的光照射下形成的影子就是中心投影，如图6-10所示。

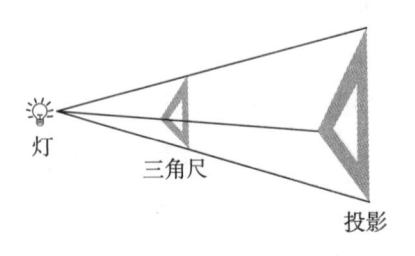

图6-10

练一练：请同学分别指出下面的例子属于什么投影。

> **设计理念或意图**：学生通过观察、分析和独立思考，更深刻地认识了平行投影和中心投影的区别，同时通过练习，及时反馈学习情况，便于教师把握授课效果，并能及时查漏补缺，进一步优化教学，也培养了学生踏实、严谨的治学作风。

片段3 例题分析

某校墙边有甲、乙两根木杆，已知乙杆的高度为 1.5 m。（课件展示。）

（1）某一时刻甲木杆在阳光下的影子如图 6-11 所示，你能画出此时乙木杆的影子吗？（课件展示。）

（2）当乙木杆移动到什么位置时，其影子刚好不落在墙上？

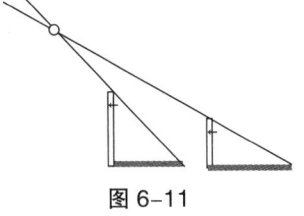

（3）在（2）的情况下，如果测得甲、乙木杆的影子长分别为 1.24 m 和 1 m，那么你能求出甲木杆的高度吗？

图 6-11

小组讨论：平行投影和中心投影有什么区别和联系呢？

类　型	区　别	联　系
平行投影	投影线互相平行，形成平行投影	都是物体在光线的照射下，在某个平面内形成的影子（即都是投影）
中心投影	投影线集中于一点，形成中心投影	

> **设计理念或意图**：知识迁移、学以致用，加深学生对知识点的巩固。

（五）课堂反思

（1）通过今天的学习，你们学到了什么？有哪些感想呢？

（2）举例说说在生活中，你见过的投影有哪些。

（六）教学思考

1. 教学体验

（1）创设情境，激发兴趣。教学中学生通过欣赏美丽的图片，观察到生活中物体在日光或灯光的照射下，会在地面、墙壁等处形成影子，了解到影子与物体的形状有密切的关系。同时，插入皮影戏的视频，对皮影戏做简要介绍，课堂上渗透中华优秀传统文化教育，讲述平行投影时介绍了日晷，让学生感受到数学来源于生活，激发了学生的兴趣。

（2）体验成果，获取自信。

①本案例从情境引入，让学生从中感受到数学的美，开门见山，提出本节课所要研究的问题——影子与物体有什么关系，激发学生的好奇心和求知欲，并使学生在运用相关知识解决问题的活动中获得成功的体验，建立学习的自信心。

②通过使用多媒体来强化物体与影子的关系，强调该知识的重要性，让学生意识到它与自身学习的相关性，从而关注教师后续的知识讲解。

③本节课的部分内容由 PPT 课件呈现出来，更形象直观；实时展示学生的习作并展开讨论，能够及时评价和改进学生的学习；以表格的方式归纳知识点，条理清晰，便于学生形成完整的知识体系，对内容进行综合把握。

（3）总结得失，推广经验。

①本案例按知识发展与学生认知顺序设计教学流程：问题情境—建立模型—实践应用—拓展延伸。本课以数学知识为依托，设计教学情境；以日晷、皮影戏等中华传统文化为切入点，激发出学生的求知欲。

②借助多媒体。根据本课内容的特点，运用色彩斑斓的图片展示，引起学生对所学内容的兴趣，将学生的心理由潜伏状态转变为活跃状态。

③本课例需要改进的地方：一是在课堂上，没有体现学生自主合作探究，教师讲得过多，留给学生思考的时间太少，在学生的学习引导方面做得也不足，所以今后还要多加强新课标、新理念的学习；二是学生对正向思维掌握得可以，但是从投影出发找光源点对学生来讲有些困难，即学生的逆向思维能力不足，教师还需在学情分析上下一些功夫。

2. 课堂思考

（1）五育培育。教学中借助多媒体技术，结合教学内容，运用色彩斑斓的图片展示，既激发了学生的兴趣，又使学生受到了数学之美的浸染；渗透中华优秀传统文化，学生既感到学习的轻松，又感到古代劳动人民的伟大，受到了爱国主义教育，可谓德、智、美、劳巧妙融合。

（2）引导学生思考。本案例可结合生活中的实际问题，如向学生提问学习了投影知识，你能测出贞丰双乳峰的高度吗？引导学生一题多变、一题多思，学会举一反三，学会思考，拓宽学生的解题思路。

（3）引导学生表达。引导学生用自己的语言或文字表达物体与影子的关系；结合所学知识，引导学生解决生活中的问题，并以语言或文字的形式表达出来。

第四节　渗透民族民间文化的教学案例和教学思考

文化如水，润物无声，连接着一个民族的过去、现在和未来。本区域人口中布依族、苗族占相当大的比重，在教学中，教师要充分挖掘布依族、苗族的服饰文化、建筑文化、曲艺文化等中的数学元素和数学思想，并在教学中巧妙地渗透，更好地传承布依族、苗族优秀的文化，培育学生爱家乡的情怀，让学生在浓厚的文化氛围中激发学习兴趣，这样做同时也可增进民族认同感，促进民族团结，不断筑牢各族师生的中华民族共同体意识。

一、教学案例：有理数的乘方

（一）知识点

（1）有理数的乘方。

（2）中华优秀传统文化情境。手工拉面是我国的传统美食之一，制作时，拉面师傅把一根很粗的面条的两头捏合在一起拉伸，再捏合，再拉伸，反复若干次，就把这根很粗的面条截成了许多细细的面条。学生通过领略中国饮食文化的魅力，感悟到吃中有艺术，艺术中也有数学。

（二）课时目标

（1）理解并掌握有理数的乘方、幂、底数和指数的概念及意义。

（2）能够正确进行有理数的乘方运算。

（三）核心问题

让学生观察、分析、类比，熟练掌握乘方的相关概念。

（四）教学课堂实录

片段1　情境引入，激发兴趣

情境1：棋盘上的数学

古希腊的数学家阿基米德与国王下棋，国王输了，国王问阿基米德要什么奖赏，阿基米德对国王说："我只要在棋盘上第一个格子中放进一粒麦子，在第二个格子中放进两粒麦子，在第三个格子中放进四粒麦子……每一个格子中麦子数量都是前一个格子中麦子数量的两倍，直到将棋盘上每一个格子摆满。"国王觉得很容易就可以满足他的要求，于是就同意了。但很快国王就发现，即使将国库所有的粮食都给他，也不够百分之一。即使一粒麦子只有一克重，也需要数十万亿吨的麦子才够。你们知道这是为什么吗？

带着这个问题，我们进入本节课"有理数的乘方"的学习。

设计理念或意图： 新课开始，通过情境引入，巧妙地设置问题，产生悬念，以引发学生的好奇心和求知欲，调动学生的学习积极性，让学生知道数学无处不在，激发学生解决问题的强烈欲望。

片段2 再创情境，拓展提升，探究新知

情境2：引入中华优秀传统文化

手工拉面是我国的传统面食，制作时，拉面师傅将一团和好的面，揉搓成一根长条后，手握两端用力拉长，然后将长条对折，再拉长，再对折，每次对折称为一扣。

连续拉扣6次后能拉出多少根面条？你发现了什么？

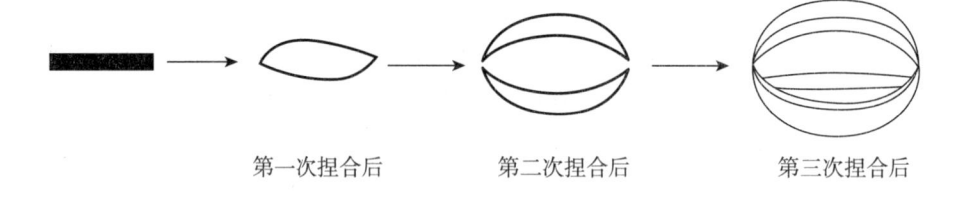

第一次捏合后　　第二次捏合后　　第三次捏合后

图 6-12

学生活动：思考后完成表格。

次数	第1次	第2次	第3次	第4次	第5次	第6次
拉扣（列式）数量（根）	2×1	2×2	2×2×2	2×2×2×2	2×2×2×2×2	2×2×2×2×2×2

师生活动：思考连续拉扣30次后有多少根细面条？n次后呢？

设计理念或意图： 引入中华优秀传统文化手工拉面，激发学生的学习兴趣。

（板书）有理数乘方。

教学实验：将一张报纸对折再对折（报纸不得撕裂），直到无法对折为止。猜猜看，这时报纸有几层？

师：请大家跟着老师一起做，看看能不能找到什么规律。（要求每个学生都实验一下，培养学生动手动脑的能力。）对折 1 次有几层？

生：2 层。

师：也即 $2\times1=2$。

师：对折 2 次呢？

生：有 4 层，即 $2\times2=4$。

师：对折 3 次呢？

生：有 8 层，即 $2\times2\times2=8$。

师：对折 4 次？

生：有 16 层，即 $2\times2\times2\times2=16$。

（鼓励学生积极参与，大大调动了学生学习的积极性。）

教师提问学生，让学生用更好的方式进行表达。

师：同学们请注意，通过刚才的实验我们发现，对折 1 次是 1 个 2，对折 2 次是 2 个 2 相乘，即 2×2，对折 3 次是 3 个 2 相乘，即 $2\times2\times2$，对折 4 次是 4 个 2 相乘，即 $2\times2\times2\times2$。小学时我们学过几个相同的数字连加可以写成比加法更高一级的简便的乘法运算形式。

例如：$3+3=3\times2$；$3+3+3=3\times3$；$3+3+3+3=3\times4$；$3+3+\cdots+3=3\times n$（n 个 3）。

类似地，当我们遇到几个相同的数字连乘的时候，能不能写成比乘法更高一级的简便的运算形式呢？

生：能。

师：是什么？

生：乘方。

师：2×2 可以写成 2^2，那么 $2\times2\times2$ 可以写成？

生：$2\times2\times2$ 可以写成 2^3。

师：$2\times2\times2\times2$ 可以写成？

生：2^4。

师：$2\times2\times\cdots\times2\times2$（$n$ 个 2 相乘）可以写成？

生：2^n。

设计理念或意图：通过教学实验，吸引学生的注意力，唤起学生的好奇心，激发学生的学习兴趣和主动学习的欲望。

知识点1：乘方

求 n 个相同因数的积的运算叫作乘方。乘方的结果叫作幂。

$$a^n \begin{array}{l} \longrightarrow \text{指数} \\ \longrightarrow \text{幂：乘方的结果} \\ \downarrow \\ \text{底数：相同的因数} \end{array}$$

一般地，n 个相同的因数 a 相乘，即 $a \times a \times a \cdots \times a$（n 个 a），记作 a^n、读作 a 的 n 次方。当将 a^n 看作 a 的 n 次方的结果时，也可以读作 a 的 n 次幂。

注意：乘方是一种特殊的乘法运算（因数相同的乘法运算），幂是乘方运算的结果。

> 设计理念或意图：在此基础上，给出乘方的概念就是水到渠成的事情了；为乘方运算做铺垫，避免学生出现 $a^n = na$ 的错误；让学生观察、分析、类比，熟练掌握乘方的相关概念。

片段3　例题分析

例1：

（1）3^5 的底数是____，指数是____，读作____，它的含义是____。

（2）$\left(-\dfrac{3}{7}\right)^5$ 的底数是____，指数是____，读作____，它的含义是____。

例2. 根据乘方的意义计算。

（1）$(-0.2)^2$；（2）$\left(-\dfrac{2}{3}\right)^3$；（3）$(-2)^4$；（4）$(-2)^5$。

师：第一个表示什么意义？

生：2 个 –0.2 相乘。

师：（2）（3）（4）交给同学们分组讨论，由其中一位同学提问，另外的同学回答。

生：好。

……

师：好，计算结束了。关于乘方的结果是正是负的规律，你们发现没有？

（一部分学生举手。）

师：发现规律的人不多，那我们运用集体的力量来解决。各小组展开合作学习探究规律。

（教师边巡视边做适当提示，然后让学生讨论，教师加入某一小组。）

师：大家讨论的声音越来越低了，是不是已经发现了？

生：是。

师：发现的请举手。合作学习就是有效果，王伟同学你说一下。

生：当指数是偶数时结果为正，当指数是奇数时结果为负。

师：你结合题目说吧！

生：（2）（4）中指数是奇数，底数是负数时，幂是负数。（1）（3）的指数是偶数，底数是负数时，幂是正数。正数的任何次幂都是正数。

师：很好。大家打开课本看看书上是怎样描述的。

生（读）：正数的任何次幂都是正数；负数的奇次幂是负数，负数的偶次幂是正数；零的任何正整数次幂都是零。

师：这就是我们学习的第二个内容。

知识点2：乘方的运算及符号法则

（1）负数的奇次幂是负数，负数的偶次幂是正数。

（2）正数的任何次幂都是正数。

（3）0的任何正整数次幂都是0，0的0次幂无意义。

例3.计算。

$(-1)^{2008}=$_____。

随堂练习：

（1）$(-3)^2$的值是（　　）。

A.-9　　　　　　B.9　　　　　　C.-6　　　　　　D.6

（2）下列各对数中，数值相等的是（　　）。

A.-3^2与-2^3　　B.-2^3与$(-2)^3$　　C.-3^2与$(-3)^2$　　D.$(-3\times2)^2$与-3×2^2

例4.计算。

（1）$(-3)^3$；（2）$(-3)^4$；（3）10^5；（4）$(-10)^4$；（5）$(-5)^2$；（6）$(-5)^3$。

> 设计理念或意图：把问题交给学生，培养学生观察、分析、归纳和概括的能力，体现学生的主体地位；活动中可培养学生相互沟通、相互合作的能力，使学生的团队意识得到加强。

片段4　练习巩固

1.把下列乘法式子写成乘方的形式。

(1)(-1)×(-1)×(-1)×(-1)=_____。

(2)$\frac{2}{3}\times\frac{2}{3}\times\frac{2}{3}\times\frac{2}{3}$=_____。

2.把下列乘方写成乘法式子的形式。

(1)$(-2)^3$；(2)3^3；(3)$\left(-\frac{1}{2}\right)^4$。

师：-1^2与$(-1)^2$一样吗？为什么？

生：一样的。(不一样。)

师：$-1^2=-1\times 1=-1$，$(-1)^2=(-1)\times(-1)=1$。

生：原来如此。

师：再做一组练习。

计算：(1)$(-3)^2$，-3^2；(2)$(-2)^3$，-2^3。

学生活动：学生在练习本上独立完成后，同桌交换，互相纠正。然后教师引导学生纵向观察(1)题和(2)题的形式和计算结果有什么区别。

师：哪位同学能用乘方的一般式说明这个问题呢？

生：$(-3)^2$的底数是-3，表示2个-3相乘，-3^2是3^2的相反数，这就是它们的区别。

师：从计算结果来看，其结果是不一样的。从表达的意义上看，两者表达的意义也截然不同。

设计理念或意图：学以致用，加深学生对知识点的巩固；通过练习，增强学生学习数学的自信心；学生通过实际计算、纠错，体会到负数与分数的乘方要加括号；学生对自己获得的知识和方法，理解得更深刻，并能灵活运用；梳理知识，使概念进一步清晰、明确，本节课的学习内容得到巩固和发展。

(五)课堂反思

(1)通过本节课的学习，你有什么收获？

(2)你还有什么疑惑？

(3)今天我们一起学习了有理数的乘方。乘方与乘法有联系也有区别，联系是乘方的本质是乘法，区别是乘方中的因数相同。

（六）教学思考

1. 课堂体验

（1）创设情境，激发学生兴趣。教学中创设棋盘上的数学和传统美食手工拉面两个教学情境，通过学生已有的生活经验激发学生的学习兴趣。

教学活动中注重师生双边互动，让学生在欢乐的气氛中学会知识，激发学生独立思考；培养学生的数学归纳等思维能力。课堂上注重鼓励与评比量化相结合，调动学生的积极性，让学生尽可能地参与。

（2）自我反思，总结提升。

成功之处：在教学时，引导学生由浅到深、层层深入，学生可自由选择难易程度来回答。这样设计照顾了学生的个体差异，关注了学生的个性发展，使教师真正成为学生学习的组织者、参与者和促进者，是教师主导作用的良好体现，也是课堂教学有效性的体现。

不足之处：对于知识的讲解方法、思路比较忽视，评价学生的语言有点生硬。

2. 课堂思考

（1）五育培育。通过棋盘上的数学和手工拉面两个情景，引导学生开展数学建模学习活动，力求使学生体验到数学在解决实际问题中的作用，明白知识就是力量的道理；创设的情境激发了学生强烈的求知欲望，使学生明白了劳动中有数学，数学来源于生活；乘方的写法，表现了数学的简约美；教学中的合作探究，内化了团结的力量；使德智体美劳在教学中融合。

（2）引导学生思考。本案例通过情境设置、一题多变、一题多思等，引导学生思考，培养学生的数学思维：为什么阿基米德会赢国王？能否举出生活中与乘方有关的例子？

（3）引导学生表达。根据教学环节，引导学生用口头或文字表达：如何从情境中提出问题？如何用所学知识解决生活中的实际问题，归纳概念？等等。

二、教学案例：中心对称图形

（一）知识点

（1）在中心对称图形的学习中体会"问题情境—建立模型—解释、应用与拓展"的模式，引导学生自己提出问题、解决问题。

（2）中华优秀传统文化情境。中华优秀传统文化博大精深，是中华民族几千年的智慧结晶，是中华民族强大的精神支柱和文化源泉，包含着丰富的民族文化内容，其中苗族银饰作为一种文化现象，在历史上曾被许多民族青睐，成为多元文化交流的载体。在这一载体中，融合有来自南方少数民族的"耳珰"，起源于北方少数民族的"跳脱"，以及从古代饰物中沿袭而来的"步摇""五兵佩"和中国传统的龙、凤、鳞纹样等。苗族银饰以大为美的艺术特征是不言而喻的，苗族大银角几乎达到佩戴者身高的一半便是令人信服的例证。苗族崇拜的图腾，是银饰的重要造型。苗族图腾即与苗族有关系的几种图像。苗族银饰全是以家庭作坊手工操作完成的，根据需要，银匠先把熔炼过的白银制成薄片、银条或银丝，利用压、錾、刻、镂等工艺，制出精美纹样，然后再焊接或编织成型。在教学中融入传统的苗族银饰，让学生在情感、思维等方面受到影响，激发学生学习数学的兴趣和求知欲，从而增强学生的数学文化素养。

（二）课时目标

（1）通过探究苗族银饰的数学情境，了解中心对称图形的概念、中心对称图形与中心对称的区别与联系及中心对称图形的性质。

（2）通过创设渗透中华优秀传统文化的情境，激发学生学习数学的兴趣。学生经历探索中心对称图形问题，体会中心对称图形是刻画现实世界的有效数学模型。

（3）培养学生的数学类比思想，使之感受圆的实际应用价值。

（三）核心问题

在教学中渗透中华优秀传统文化苗族银饰这一载体，使学生掌握中心对称图形与中心对称的区别和联系及中心对称图形的性质和解题方法，学习类比思想。

（四）课堂教学实录

片段1　情境引入，激发兴趣

师：苗族银饰在历史上曾被许多民族青睐，如今成为多元文化交流的载体。苗族银饰分为头饰、颈饰、胸饰、手饰、盛装饰和童帽饰等，都是由苗族银匠精心制作而成的，据说已有千年历史。苗族银饰以其多样的品种、奇美的造型与精巧的工艺，向人们呈现了一个瑰丽多彩的艺术世界，也展示出一个有着丰富内涵的精神世界。苗族银饰的种类较多，从头到脚，无处不饰。除头饰、胸颈饰、手饰、衣饰、背饰和腰坠饰外，个别地方还有脚饰。观察下面的苗族银饰（多媒体展示），你发现有什么共同之处？

请同学们观察这些苗族银饰图案，看看它们有什么共同的特点？

生：我发现这些苗族银饰图案整个图案是由一个基本图案绕中心旋转180°而成的。

师：这位同学观察得很仔细。它们的共同特点是，如果我们把这些苗族银饰图案中的每一件作品当成一个图形，那么这些图形都可以绕着某一固定点转动180°。

这就是我们今天这节课要学习的内容：中心对称图形。

设计理念或意图：介绍苗族银饰，让学生认识到数学与我们的生活密切相关，并渗透少数民族文化；给学生一定的时间与空间，让学生全面参与活动，充分发表意见；此设计可以考查学生的观察能力，也有利于培养学生的语言表达能力。

片段2　再创情境，拓展提升，探究新知

知识点1：探究中心对称图形的概念。

师：请同学们观察图6-13中的图形。如果将第一个图形绕点O旋转，你有什么发现？

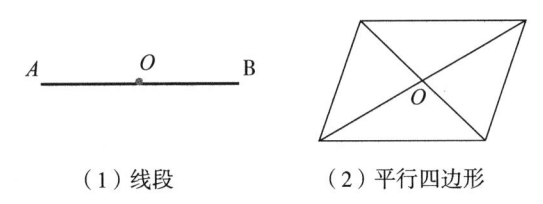

（1）线段　　　　（2）平行四边形

图6-13

生：绕点O旋转180°，咦？怎么和原来的图形重合了？

师：请同学继续旋转第二个图形，看它是否也有这样的现象。

（学生动手体验。）

生：老师，我们发现平行四边形绕点O旋转180°，也和原来的图形重合了。

师：大家能不能找一找它们的共同点？

（学生思考并讨论。）

生：共同点有都绕一点旋转了180°，都与原图形完全重合。

师：我们把具有这样共同点的图形叫作中心对称图形。请同学们根据我们刚才的探讨研究，给中心对称图形下一个准确的定义。

生：……

师：我们大家一起来。把一个图形绕某个点旋转180°，如果旋转后的图形能与原来的图形重合,那么这个图形叫作中心对称图形,这个点叫作它的对称中心。

注意:中心对称图形是指一个图形。生活中有许多中心对称图形,你们能举出一些例子吗?

(除了刚才讲的线段、平行四边形是中心对称图形外,请同学举出三个例子,它们也是中心对称图形。)

生:正方形、菱形、圆。

师:很好,同学们列举的这三个图形都是中心对称图形。请同学们注意,学习本节内容,要和前一节的知识中心对称区别清楚。

中心对称与中心对称图形的区别与联系

名称	中心对称	中心对称图形
定义	把一个图形绕着某一个点旋转180°,如果它能与另一个图形重合,就说两个图形关于这个点中心对称	把一个图形绕着某一个点旋转180°,如果旋转后的图形能与原来的图形重合,那么这个图形叫作中心对称图形
性质	①两个图形完全重合 ②对应点连线都经过对称中心,且被对称中心平分	
区别	①两个图形的关系 ②对称点在两个图形上	①是具有某种性质的一个图形 ②对称点在一个图形上
联系	若把中心对称图形的两个部分看作两个图形,则它们成中心对称;若把中心对称的两个图形看作一个整体,它就成了中心对称图形	

知识点2:中心对称图形的性质。

探究与归纳。

归纳:

(1)中心对称图形上的每一对对称点所连成的线段都被对称中心平分。

(2)中心对称图形上的每一对对应线段平行且相等。

设计理念或意图:用新学的概念知识,深入认识平时常见的几何图形,且层层递进,揭示图形特征;与轴对称做比较,从对比中感悟两种对称图形的本质特征。

魔术时间。如图6-14所示,桌上有四张牌,你能猜出哪张是中心对称图形吗?

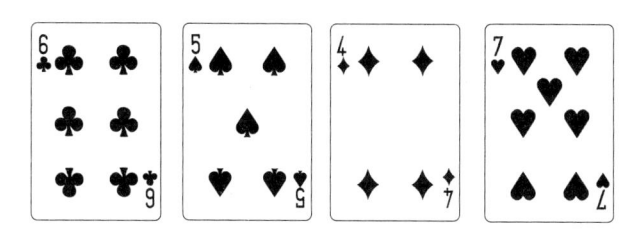

图 6-14

师：从中心对称图形的概念可以知道，一些文字、图形、物体都可近似看作中心对称图形，哪些文字可看作中心对称图形？

生：目、田、日、王……

师：哪些图形是中心对称图形？

生：线段、平行四边形、正方形、菱形、圆……

师：哪些物体是中心对称图形？

生：摩天轮、光盘、奥迪车标、工行行标……

师：看来同学们对中心对称图形掌握得还不错，接下来老师想再考考大家（出示例题）。

设计理念或意图：通过扑克牌锻炼学生细微的辨析力，增加趣味性。

片段 3　例题分析，知识迁移

例 1. 下列图形既是轴对称又是中心对称图形的是（　　）。

①角；②等边三角形；③线段；④平行四边形；⑤菱形；⑥矩形；⑦正方形；⑧圆。

生：③④⑤⑥⑦⑧。

师：在 26 个英文字母中，是中心对称图形的有（　　）；既是轴对称图形又是中心对称图形的有（　　）。

例 2. 如图 6-15 所示，在九宫格中有 3 个小正方形图上了阴影。

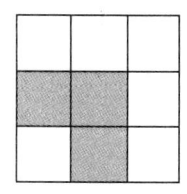

图 6-15

（1）选取 1 个小正方形涂上阴影，使 4 个阴影小正方形组成一个轴对称图形，但不是中心对称图形。

（2）选取1个小正方形涂上阴影，使4个阴影小正方形组成一个中心对称图形，但不是轴对称图形。

（3）选取1个小正方形涂上阴影，使4个阴影小正方形组成一个既是轴对称图形，又是中心对称图形的图形。

片段4　练习巩固

1. 下列图形中，既是轴对称图形又是中心对称图形的是（　　）。

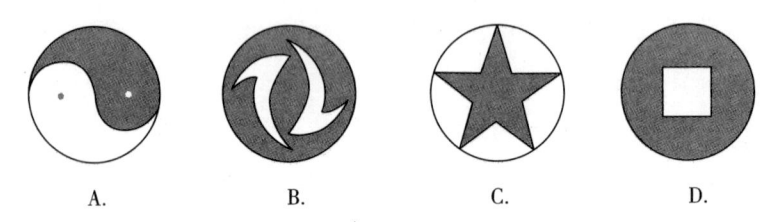

A.　　B.　　C.　　D.

2. 下列图形中，是中心对称图形，但不是轴对称图形的是（　　）。

A. 正方形　B. 矩形　C. 菱形　D. 平行四边形

3. 如图6-16所示，矩形$ABCD$的对角线AC和BD相交于点O，过点O的直线EF分别交AD和BC于点E、F，$AB=2$，$BC=3$，则图中阴影部分的面积为_____。

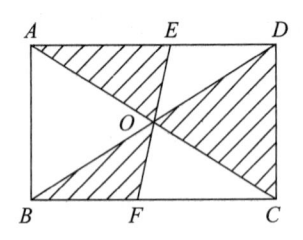

图6-16

设计理念或意图：在练习中促进学生思维的发展。

（五）课堂反思

（1）这节课学习了哪些知识？请大家梳理一下。

中心对称图形的定义：把一个图形绕着某一个点旋转180°，如果旋转后的图形能与原来的图形重合，那么这个图形叫作中心对称图形，这个点就是它的对称中心。你能举出日常生活中的中心对称图形吗？中心对称图形与中心对称的联系与区别是什么？中心对称图形的性质：

①中心对称图形上的每一对对称点所连成的线段都被对称中心平分；

②中心对称图形上的每一对对应线段平行且相等。

（2）在布依族、苗族的服饰中有许多美丽的图案，你能介绍一下哪些图案蕴含着中心对称的知识吗？

（六）教学思考

1. 课堂体验

（1）总结经验，提升自我。

①中心对称图形是九年级上册的内容，如何让学生在类比和辨析中更好地掌握中心对称图形这一概念是这一课的重点。本节课一开始就用苗族银饰导入课题，让学生认识到数学与我们的生活密切相关，并渗透了少数民族文化，更好地激发了学生的学习兴趣。这一节数学课，课堂教学模式发生了根本性的变化，教师不再是简单的知识传授者，而是一个组织者和引导者，并调动了每一位学生的学习主动性，使他们真正成为学习的主人，积极参与教学的每一个环节，努力探索解决问题的方法，大胆发表自己的观点。学生切身经历了"做数学"的全过程，感受到了学习数学的快乐和成功的喜悦。

②教学中更是充分考虑到每一个学生，鼓励每个学生动手、动口、动脑，积极参与到活动中来，注意发挥学生的主体性。整个教学过程中，教师始终以学生动手实践为主导，让学生在探究的过程中体会"中心对称"的要点。教学过程中教师还安排了做一做等环节，培养学生动手实践的能力，这既多方面发展了学生的各种能力，又使学生对中心对称图形的理解从感性升华到了理性。学生设计图案的展示，不仅培养了学生的动手能力，还让学生学会了相互接纳、欣赏与帮助，在互动交流中学会了批判与反思。

③课堂最后通过扑克牌游戏，让同学们其乐融融地投入游戏中，使他们体味到了数学的趣味和神奇，在游戏中自然而然就学到了中心对称图形的知识。

（2）反思不足，积极改进。

①对学生学习积极性的调动有时还是感觉力不从心，对于后进生的关注也还不够。

②对于多媒体设备的使用还不是很得心应手。

③中心对称图形的概念强调不到位、不够细致，尤其是对称点的概念。留给学生消化理解的时间太短。

④在进行小组合作探究活动时，学生的积极性很高，与教师的配合也很好，但在整个实施过程中出现了一些问题。

2. 课堂思考

（1）五育培育。本课例借助苗族银饰让学生感悟到中华优秀传统文化的智慧，感受到了少数民族的勤劳与智慧，使德育、智育得到了融合。在小组合作探究的活动中，学生感受到了合作的力量，在解答过程中注意书写的美观，美育和劳动教育得以体现。

（2）引导学生思考。本课开始就用苗族银饰导入课题，让学生认识到数学与我们的生活密切相关，并渗透了少数民族文化，更好地激发了学生的学习兴趣。

（3）引导学生表达。课堂教学中想办法调动每一位学生的学习主动性，使他们真正成为学习的主人，积极参与教学的每一个环节，努力探索解决问题的方法，大胆表述自己的观点。

（4）数学方法指导。本案例通过创设中华优秀传统文化苗族银饰的数学情境，让学生认识到数学与我们的生活密切相关，并渗透了少数民族文化，增强少数民族同学的民族自豪感，更好地调动了学生的学习积极性，让学生跟着教学内容的推进循序渐进、由浅入深地学习中心对称图形的相关知识。

三、教学案例：旋转的概念与性质

（一）知识点

（1）在旋转的概念与性质的学习中体会"问题情境—建立模型—解释、应用与拓展"的模式，引导学生自己提出问题、解决问题。

（2）中华优秀传统文化情境。中华优秀传统文化博大精深、源远流长，包含着丰富的民族文化内容，民族服饰就是其中的一部分。例如，布依族服饰作为一种物质文化现象，其产生与变化总是与社会的经济发展相适应。自古以来，布依族就居住在我国的南盘江、红水河流域。布依族是从古越人发展而来的，其服饰大体上保留着古老的特点。《旧唐书·西南蛮》记载："男子左衽、露发、徒跣。妇女横布两幅，穿中而贯其首，名为通裙。"布依族的传统是男着衣衫，女穿衣裙，妇女衣、裙均有蜡染、挑衣和刺绣图案装饰。2014年11月11日，布依族服饰经国务院批准列入第四批国家级非物质文化遗产名录。2019年4月5日，贵州望谟县举办民族服饰设计展演，展示布依族服饰之美。

（二）课时目标

（1）通过探究布依族民族服饰的数学情境，学生了解旋转的概念，进而学习旋转的性质。

（2）通过创设渗透中华优秀传统文化布依族民族服饰的情境，激发少数民族地区学生学习数学的兴趣。学生经历探索旋转的概念与性质问题，体会旋转是刻画现实世界的有效的数学模型。

（3）培养学生的数学转换思想，使之感受旋转的实际应用价值。

（三）核心问题

通过在教学中渗透中华优秀传统文化布依族服饰，使学生掌握旋转的概念与性质及解题方法。

（四）课堂教学实录

片段1　情境引入，激发兴趣

师：同学们观察下面这些布依族蜡染图案（多媒体展示），看看它们有什么共同的特点？

布依族蜡染有着悠久的历史并且久负盛名。早在宋代就有关于布依族的蜡染布记载。布依族蜡染是自织自染布，其绘制方法是，用铜片制成各种形状的蜡刀，以蜂蜡为防染剂，制作蜡染时，先把蜂蜡加热，熔成蜡汁，然后用蜡刀蘸上蜡汁，在平铺的白布上绘成各种花纹图案，蜡汁凝固黏附在布的两面，点绘毕，将布放在靛蓝染缸中浸染。染好后将布放入沸水中煮脱蜡质，即呈现白色花纹图案，成为美丽的蜡染布。这种制法，《宋史》中即有记载。清代史书上所载的"青花布"，也是指布依族的蜡染布。清乾隆年间《贵州通志·苗蛮》记载："永丰（贞丰）、罗斛（罗甸）、册亨等县……妇女首蒙青花布手巾。"布依族蜡染图案，常见的有蕨菜花、团花、小花，还有铜鼓纹、旋涡纹、水波形、连锁形、鸳鸯、喜鹊、梅花鹿、龙凤和双喜双寿等。

> **设计理念或意图**：让学生观察布依族蜡染图片，渗透少数民族传统文化，让学生感知数学与生活的密切关系，激发学生的学习兴趣。

师：你们发现它们的共同点了吗？

生：我发现整个图案是由一个基本图案绕中心旋转而成的。

师：这位同学观察得很仔细。

它们的共同特点是如果我们把布依族蜡染中的每一件作品当成一个图形，那么这些图形都可以绕着某一固定点转动一定的角度。

这就是我们今天这节课要学习的内容：旋转的概念与性质。

> 设计理念或意图：利用学生已有的生活经验，有利于学生对旋转概念的理解；教学过程中，采用讲练结合的办法，使学生充分理解所学知识，为接下来探究旋转的性质做好准备。

片段2　再创情境，拓展提升，探究新知

师：请同学们看一下讲台上的大时钟，有什么在不停地转动？绕什么旋转呢？

生：时针、分针、秒针都在不停地转动。

师：时针、分针、秒针绕什么旋转呢？

生：它们都绕时钟的中心旋转。

师：一节课是45分钟，现在是8点整，从现在到下课，时针转了多少度？分针转了多少度？

（学生思考并讨论。）

生：从现在到下课时针转了22.5°，分针转了270°。

> 设计理念或意图：通过实例，让学生进一步理解旋转的概念。

知识点1：旋转的概念。

像这样，把一个图形绕着某一点O转动一个角度的图形变换叫作旋转，点O叫作旋转中心，转动的角叫作旋转角。

师：通过对旋转概念的认识，我们从中得到哪些重要信息？旋转的概念中隐含构成旋转的要素有哪些？

生1：旋转中心。

生2：旋转角。

师：还有吗？

生：没有了。

师：老师认为还有一个。

生：嗯……

师：请同学们注意，概念中是这样说的：把一个图形绕着某一点O转动一个角度。

那它是怎样转的？

生：是这样转的（做手势）。

师：按照刚才同学们的手势，请大家说一说是怎样转的？

生：顺时针方向转动。

师：对了，同学们总结得很好。现在，请同学们归纳一下旋转的概念中隐含旋转的要素有哪些？

生：旋转中心、旋转角和旋转方向。

师：图形绕哪一个点旋转，这个定点就称为旋转中心；转动的角称为旋转角；转动的方向分为顺时针与逆时针。

设计理念或意图：培养学生应用所学知识解决实际问题的能力。

片段3 例题分析

例1.如图6-17所示，三角形ABC经过旋转后到三角形$A'B'C'$的位置。

（1）旋转中心是哪一点？

（2）旋转角是哪一个？

（3）旋转方向是顺时针还是逆时针？

（4）如果M是AB的中点，经过上述旋转后，点M转到什么位置？

（学生思考并讨论。）

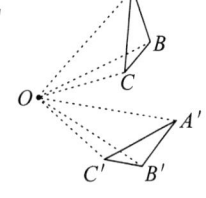

图6-17

结论：

生：（1）旋转中心是点O。

（2）旋转角是$\angle AOA'$。

（3）是顺时针旋转。

（4）如果M是AB的中点，经过上述旋转后，点M转到$A'B'$的中点位置。

师：请同学们一起解决第二题。

例2.如图6-18所示，点A、B、C、D都在方格纸的格点上，若$\triangle AOB$绕点O按逆时针方向旋转到$\triangle COD$的位置，则旋转的角度为（　　）。

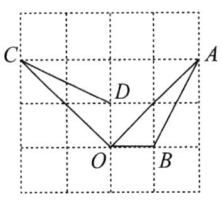

图6-18

A.30°　　B.45°　　C.90°　　D.135°

生：对应点与旋转中心的连线的夹角，就是旋转角，由图可知，OB、OD是对应边，$\angle BOD$是旋转角，所以，旋转角为90°，故选C。

知识点2：旋转的性质

（学生活动：分组讨论）

师：在解例1过程中，根据图6-17回答下面的问题（一组推荐一人上台说明）。

（1）线段 OA 与 OA'，OB 与 OB'，OC 与 OC' 有什么关系？

（2）∠AOA'，∠BOB'，∠COC' 有什么关系？

（3）△ABC 与 △A'B'C' 形状和大小有什么关系？

（学生动手体验。）

教师点评：

（1）OA=OA'，OB=OB'，OC=OC'，即对应点到旋转中心的距离相等。

（2）∠AOA'=∠BOB'=∠COC'，这三个旋转角相等，即对应点与旋转中心所连线段的夹角等于旋转角。

（3）△ABC 和 △A'B'C' 形状相同、大小相等，即全等。

师：综合以上的实验操作得出旋转的性质：

（1）对应点到旋转中心的距离相等；

（2）对应点与旋转中心所连线段的夹角等于旋转角；

（3）旋转前、后的图形全等。

例3. 如图6-19所示，△ABC 绕点 C 旋转后，顶点 A 的对应点为点 D，试确定顶点 B 对应点的位置，以及旋转后的三角形。

分析：绕点 C 旋转，点 A 的对应点是点 D，那么旋转角就是 ∠ACD，根据对应点与旋转中心所连线段的夹角等于旋转角，即 ∠BCB'=∠ACD，又由对应点到旋转中心的距离相等，即 CB=CB'，就可确定 B' 的位置，如图6-20所示。

图6-19

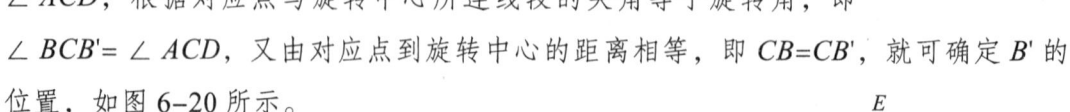

解：（1）连接 CD。

（2）以 CB 为一边作 ∠BCE，使得 ∠BCE=∠ACD。

（3）在射线 CE 上截取 CB'=CB，则 B' 即为所求的 B 的对应点。

（4）连接 DB'，则 △DB'C 就是 △ABC 绕点 C 旋转后的图形。

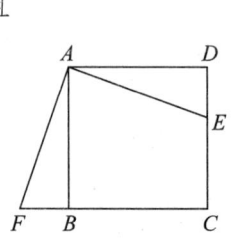

图6-20

例4. 如图6-21，四边形 ABCD 是边长为1的正方形，且 $DE=\dfrac{1}{4}$，△ABF 是 △ADE 的旋转图形。

（1）旋转中心是哪一点？

（2）旋转了多少度？

（3）AF 的长度是多少？

图6-21

（4）如果连接 EF，那么 △AEF 是怎样的三角形？

设计理念或意图：通过练习，让学生了解本节课的重点知识，学以致用，加深学生对知识点的巩固。

（五）课堂反思

1. 旋转的概念

把一个图形绕着某一点 O 转动一个角度的图形变换叫作旋转。

旋转的三要素：旋转中心、旋转角和旋转方向。

2. 旋转的性质

（1）对应点到旋转中心的距离相等。

（2）对应点与旋转中心所连线段的夹角等于旋转角。

（3）旋转前、后的图形全等。

3. 教学中，我们创设了布依族服饰的情境，你对布依族文化有哪些感受呢？

（六）教学思考

1. 课堂体验

（1）总结经验，提升自我。

①通过将中华优秀传统文化中的布依族服饰引入，创设情境，激发了学生的兴趣；教学中从问题入手，由学生观察，要求学生了解民族文化，激发少数民族地区学生学习数学的兴趣，经历探索旋转的概念与性质问题，体会旋转是刻画现实世界的有效的数学模型。

②用布依族蜡染图案进行情境导入，不仅渗透了布依族民族传统文化，还让学生感知数学与生活的密切关系，使学生感受到数学来源于生活，与生活密不可分，这就培养了学生应用数学的意识，激发了学生的学习兴趣。

③本节课坚持以观察为起点，以问题为主线，以培养能力为核心宗旨；遵照教师为主导，学生为主体，训练为主线的教学原则；遵循从特殊到一般，从具体到抽象，由浅入深，由易到难的认知规律。

④应用多媒体教学手段，根据教材内容设计教学情境，不仅叩开了学生的思维之门，也打开了他们的心灵之窗，使他们在欣赏、享受中，在美的熏陶中主动而轻松愉快地获得新知。

（2）反思不足，积极改进。

①遗憾的是对旋转性质的探究不够深入，教学时间把控方面有待提高，应再尽量规范和精简自己的课堂教学语言；对于学生空间观念的培养不足，本章的教学目标之一就是要培养学生的空间观念，所以在课堂上要尽量留出时间让学生想象，培养学生的想象力。希望在今后的教学中能够因材施教，真正让每一个学生都能够在数学上有所发展。

②在课堂上没有给学生充足的时间去进行小组讨论，而且部分学生没有认真听，导致课后作业状况百出。比如，有的学生弄不清楚顺时针和逆时针；有的确实没有掌握旋转的方法。但细想想还是在课堂上强调得不够，以为所有的学生都学会了，可事实并非如此。这也提醒笔者，一定要去关注学习能力弱的学生，可能他还没有真正掌握新知识，仍处于迷茫状态。

③在进行小组合作探究活动时，学生的积极性很高，与教师的配合也很好，但在整体的实施过程中出现了一些问题，比如在概念的得出上学生的总结出现了一些问题，笔者在处理时由于怕时间不够，所以在学生出现问题时，先简单给出了解答，其实这里应由学生自己来解决，这样对学生能力的提高非常有帮助。

2. 课堂思考

（1）五育培育。本课例借助布依族蜡染图案进行情境导入，渗透了布依族民族传统文化，让学生感悟到中国古人的智慧，学到了布依族民族文化是中华优秀传统文化的重要组成部分，增强了民族自豪感。在小组合作探究活动中，学生感受到了合作带来的力量；在写下解答过程时注意书写的美观；美育和劳动教育得以浸润。

（2）引导学生思考。本案例通过教学思考，采取问题化的办法，引导学生从民族服饰入手，学习数学旋转知识，让学生感受数学与生活的联系，激发学生的学习兴趣，引导学生独立思考。

（3）引导学生表达。借助情境设置、教学思考、练习等，引导学生用口头或书面表达，如观察下面这些布依族蜡染图案，看看它们有什么共同的特点？等等。

四、教学案例：不等式的性质

（一）知识点

（1）不等式的性质。

（2）中华优秀传统文化情境。民族传统体育是社会文化的补充，它对振奋民族精神、发扬爱国主义精神、加强民族团结、促进社会进步具有重要作用。民族传统体育活动中蕴含着丰富的数学思想和数学文化,这就体现了体育与数学教学的关系。

(二)课时目标

(1)学生经历通过类比、猜测和验证发现不等式性质的探索过程,掌握不等式的性质。

(2)初步体会不等式与等式的异同。

(3)通过创设问题情境和实验探究活动,积极引导学生参与数学活动,提高学生学习数学的积极性,增进其学习数学的信心,使学生体会在解决问题的过程中与他人交流合作的重要性。

(三)核心问题

正确运用不等式的性质解决实际问题。

(四)课堂教学实录

片段1 情境引入,激发兴趣

师:同学们好!在今天上新课之前,请同学们欣赏几幅图片(多媒体展示)然后回答问题。同学们见过这种健身的体育项目吗?

生:见过。

师:它们分别是什么?

生:图6-22(a)和图6-22(b)是跷跷板,图6-22(c)是磨秋。

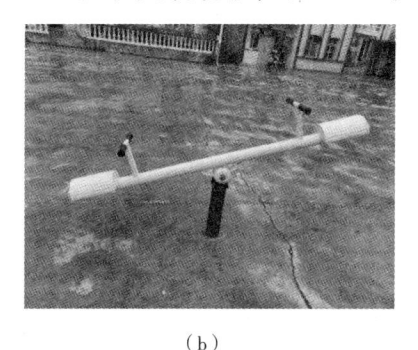

(a) (b) (c)

图6-22

师:看来有同学玩过。

(学生发笑,并小声议论玩时的情景。)

师:跷跷板、磨秋很多人都玩过。想起小的时候,和爸妈一起玩跷跷板游戏,当一个大人和一个小孩同时坐在等臂长的跷跷板的两端时,会发生什么情况呢?

生：大人会向下沉，小孩会向上升。

师：是什么原因造成的呢？

生：大人小孩的体重不一样。

师：不一样就是不等关系。我们这节课要学习的内容就与不等关系有关。

（板书：不等式的性质）

> 设计理念或意图：引入学生的童年游戏，使学生结合自己的观察和思考，感受生活中的不等关系；从民族体育活动情境入手，让学生感受到民族体育中的数学智慧，提高学习的积极性。

片段2 再创情境，拓展提升，探究新知

师：下面请同学们一起来解方程$4-2x=0$，并说出解方程中每一步的依据。

（教师边提问学生，边回顾所学知识点。）

生：$x=2$。方程两边先同时减4，再同时除以 –2。

师：等式的基本性质1：如果$a=b$，那么$a+c=b+c$，$a-c=b-c$。

等式的基本性质2：如果$a=b$，那么$ac=bc$。

解方程的依据是等式的性质，今天我们来学习解不等式的依据。请同学们猜想不等式是否有类似的性质，并验证自己的猜想。

师：请同学们观察、思考后解答以下问题。

（1）在不等式$5>3$两边同时加上或减去2，在横线上填上"<"或">"号。

$5+2\_\_3+2$；$5-2\_\_3-2$。

（2）自己写一个不等式，在它的两边同时加上或减去同一个数，看看有什么样的结果。

生：$5+2>3+2$；$5-2>3-2$。

不等式的性质1：不等式的两边加（或减）同一个正数，不等号的方向不变。

> 设计理念或意图：通过动口、动脑，引导学生运用类比、归纳的数学思想去探究问题，使学生在品尝成功的喜悦中激发出学习数学的兴趣。

符号表示：如果$a>b$，那么$a\pm c>b\pm c$。

数学活动：完成下列填空后回答问题。

$2<3$，则$2\times5\_\_3\times5$；

$2<3$，则$2\div5\_\_3\div5$。

不等式的性质2：不等式的两边乘（或除以）同一个正数，不等号的方向不变。

符号表示：如果 $a > b$，$c > 0$，那么 $ac > bc\left(\dfrac{a}{c} > \dfrac{b}{c}\right)$。

师：请同学们想一想，不等式的两边都乘0，结果怎样？举例说明。

生：不等式不一定成立。如 2 < 3，不等式两边同乘以0后，不成立。

师：回答得很好。请同学们再想一想，不等式的性质与等式的性质有什么相同点和不同点？

生：等式的性质有两条，它们表示了等式两边进行同样的加（减）、乘（除）运算时相等关系不变。

不等式两边进行同样的加（减）、乘（除）运算时大小关系有时不变，有时改变。

师：回答得很好，很全面。

> **设计理念或意图**：教师让学生回顾旧知识，为下一步类比学习不等式的性质做好铺垫和准备。

师：下面请大家看这一题（投影）。

用"<"或">"填空。

6 > 2，6×（-5）＿2×（-5），6+（-2）＿2+（-2）；

-2 < 3，-2×（-6）＿3×（-6），-2+（-1）＿3+（-1）。

师：下面请大家先独立完成上题。

（学生独立完成。）

师：能说出结果的同学请举手。

（学生举手。）

6 > 2，6×（-5）< 2×（-5），6+（-2）> 2+（-2）。

-2 < 3，-2×（-6）> 3×（-6），-2+（-1）> 3+（-1）。

师：他的回答对吗？

生：对。

师：你们能总结出其中的规律吗？

（学生表示疑惑。）

师：下面请大家分组讨论。

（学生热烈讨论。）

师：大家找到规律了吗？

生：不等式两边同时乘（或除以）同一个负数，不等号的方向改变。

不等式的性质 3：不等式的两边同时乘（或除以）同一个负数，不等号的方向要改变。

符号表示：如果 $a > b$，$c < 0$，那么 $ac < bc$ $\left(\dfrac{a}{c} < \dfrac{b}{c}\right)$。

师：我们已经学完了不等式的 3 条性质，下面请大家利用不等式的性质进行解题。

> **设计理念或意图**：让学生经历一个完整的数学探索过程——猜想—验证—归纳总结，类比等式性质，探究不等式的性质，体会不等式性质与等式性质的异同，体会类比的学习方法；给学生一个展示的机会，培养学生交流思想、分享成果、团队合作并重新审视自己的想法的习惯。

片段 3　例题分析

例 1. 解下列不等式。

（1）$-4x > 8$；　（2）$-x-3 \geq -8$；　（3）$3-6x \geq 4-5x$。

师：下面请大家分组试试看，看谁能解出！

（学生分组讨论。）

师：（行间巡视）想想看，一元一次方程是怎么解的？

（学生思考。）

师：（追问）好了吗？

生：好了。

师：有谁能说出第 1 题的解法？

生：（举手）根据不等式的性质 3，在不等式的两边除以 -4，得 $x < -2$。

师：第 2 题呢？

生：（举手）根据不等式的性质 1，得 $-x \geq -8+3$，合并得 $-x \geq -5$，再根据不等式的性质 3，得 $x \leq 5$。

师：（扬声）第 3 题，请举手！

生：（纷纷举手）根据不等式的性质 1，得 $-6x+5x \geq 4-3$，合并，得 $-x \geq 1$，再根据不等式的性质 3，得 $x \leq -1$。

师：你们能把不等式的解集在数轴上表示出来吗？

(学生沉思。)

师：会的请到黑板上来画一画！

(学生举手。)

师：通过刚才的解题，你们发现一元一次不等式的解法和一元一次方程的解法有什么共同点，有什么不同点？请举手！

生：共同点是都是先移项，再合并同类项，最后把系数化为1。

不同点是方程中"把系数化为1"只要系数不为0就行了，但不等式中"把系数化为1"要注意系数的符号。

例2．比较大小。

（1）若 $a > b$，则 $3a+2$ ____ $3b+2$；

（2）若 $a > b$，则 $-3a+2$ ____ $-3b+2$；

（3）若 $-\frac{5}{4}x < 10$，则 x ____ -8；

（4）若 $a < b$，$c > 0$，则 $ac+c$ ____ $bc+c$。

例3．利用不等式的性质解不等式，并把解集在数轴上表示出来。

（1）$x-7 > 26$；（2）$3x < 2x+1$；（3）$\frac{2}{3}x > 50$；（4）$-4x > 3$。

例4．求不等式 $3x-7 \leq 0$ 的解集和自然数解集。

设计理念或意图：通过练习，让学生了解本节课的重点知识，并能学以致用，巩固知识点，充分掌握不等式的3条性质。

片段4　练习巩固

教材第127页第1～2题。

（五）课堂反思

（1）这节课上，同学们感受最深的是什么？感到最困难的是什么？发现了什么？学会了什么？

（2）学生在数学思想和解题方法上还有什么收获？能举例说说生活中的体育艺术活动与数学的联系吗？

（六）教学思考

1.课堂体验

（1）创设情境，激发兴趣。导入时通过创设故事情境，有效吸引学生的注意力，让学生的注意力及时回到课堂上。同时，创设的民族体育情境，让学生感受到民族体育中的数学智慧，熟悉的事物激发了学生学习数学的热情。

（2）注重方法，提升能力。教学过程中贯穿了一条"创设情境，引出新知—实验讨论，得出性质—探究辨析，突破难点—运用性质，解决问题"的线索，使学生真正成为学习的主人。在师生交流合作中营造互动的氛围，让学生积极主动地参与教学的整个过程，使他们的学习态度、情感意志和个性品质等都得到不同程度的发展。

（3）总结得失，继续前进。本节课通过课前复习、课上循序渐进的知识编排、举一反三的讲解、良好的师生互动，以及课后个性化的评价等步骤对不等式的性质进行了探索，学生在教师的指导下，积极主动地掌握数学知识、技能，发展能力，形成积极主动的学习态度，使身心获得健康发展。为了突破教学难点，让学生能熟练准确地运用"不等式性质3"，本课设计多样化的练习以巩固所学知识。在学生回答、板演和讨论的过程中，活跃了课堂气氛，教学难点被突破，学生在轻松愉快的氛围中扎实地掌握不等式的性质并灵活运用。同时，学习伙伴之间进行了思维的碰撞和沟通。

2.课堂思考

（1）五育培育。通过创设民族体育活动磨秋、跷跷板的体育情境，增强了学生对民族体育的了解，使学生感悟到要加强体育锻炼，勤于思考，也认识到体育活动中也有数学。通过让学生动手、动口、动脑，引导学生运用类比、归纳的方法去探究问题，让他们在品尝成功的喜悦中激发出学习数学的兴趣，培养了学生良好的习惯。整个案例中，体育、美育、智育、德育和劳育都得到了良好发展。

（2）引导学生思考。案例中的情境创设、合作探究和教学小结等方面，都较好地引导了学生思考。如以下引导：当一个大人和一个小孩同时坐在等臂长的跷跷板的两端时，会发生什么现象呢？请同学们想一想，不等式的两边都乘0，结果怎么样？举例说明。

（3）引导学生表达。案例中，教师引导学生用自己的话把思考的问题表达出来。

五、教学案例：与三角形有关的线段

（一）知识点

（1）与三角形有关的线段。

（2）中华优秀传统文化情境。吊脚楼是生活在贵州、广西、湖南等地的布依族、苗族、瑶族及侗族等少数民族共有的民居样式。千百年来，这里的人们为了适应南方多雨的气候，创造了这种底层架空，既防潮通风、防兽防虫，又较好地保护了有限的土地资源和脆弱的生态环境的干栏式民居，它是我国传统民居的优秀代表之一。

（二）课时目标

（1）了解三角形的定义，理解三角形按边分类的情况，经历从抽象到直观的过程，掌握三角形的三边关系。

（2）通过小组合作的形式进一步归纳三角形的三边关系，使学生在参与观察、猜想、实验和证明等数学活动中，发展合情推理和演绎推理的能力。

（3）培养学生分析问题、解决问题的能力和语言的表达能力。

（三）核心问题

对三角形概念的理解与辨析，三角形分类过程中数学思想方法的渗透，三角形三边关系的探究与归纳。

（四）课堂教学实录

片段1　情境引入，激发兴趣

出示PPT图片（陕西半坡出土的人面网纹陶盆、苗族房屋建筑和风筝）。

师：同学们，请看图片，第一幅图是我国陕西半坡出土的文物人面网纹陶盆，第二幅图是苗族的房屋建筑吊脚楼，第三幅图是大家喜爱的风筝。仔细观察三幅图，你们发现图中有什么相同的图形？有什么感悟？

生：三角形。

师：很好！观察得很仔细。那有什么感悟呢？

生：三角形在我们的生活中随处可见，运用广泛。

师：是的，我们本节课所研究的"三角形"这个课题来源于实践生活之中，生活中处处有数学。班上有苗族同学吗？（举手8人。）那老师考考苗族的同学，从远处望去，吊脚楼上方是什么图形呢？为什么要做成这样的图形，做成平行四边形的可以吗？

生1：三角形，因为美观。

生2：因为三角形具有稳定性，而平行四边形不具有稳定性。

师：很好，大家对三角形有了初步的认识。大家看到的这些工艺精湛、历史悠久的吊脚楼,就是运用了三角形的稳定性,它们充分体现了苗族人民的智慧。

在苗族山寨中,大部分人家都居住在吊脚楼中。因为苗族人大多居住在山区,山高坡陡,开挖地基极不容易,加上天气阴晴多变,潮湿多雾,砖屋底层地气很重,不宜起居。因而,苗族人历来依山傍水,构筑一种通风性能好的干爽的建筑,也就是"吊脚楼"。苗族的吊脚楼通常建造在斜坡上,分两层或三层。最上层很矮,只放粮食不住人,楼下堆放杂物或做牲口圈。今天这些工艺精湛、历史悠久的建筑物越来越受到世人的关注,有的已列入文物保护单位,得到了很好的保护。

关于三角形,同学们很熟悉,在小学大家就接触过,并且对三角形的分类,以及三角形周长、面积的求法都有所了解。那么,老师想问问大家,什么是三角形?

生:有三条边的图形就是三角形。

师:那么,有三条边的图形一定是三角形吗?(教师随意画了个不是三角形的图形,学生茫然了,摇摇头。)

既然大家不知道,我们就带着这个问题,一起走进三角形的美妙世界吧!

(教师板书课题——与三角形有关的线段。)

设计理念或意图:以文物人面网纹陶盆(陕西半坡出土)、苗族学生居住的房屋为切入点,让学生感受数学就在我们身边,从而激发学生学习的积极性;明确学习目标,让学生有针对性、定向地去学习,化被动为主动。

片段2 再创情境,拓展提升,探究新知

知识点1:三角形的定义。

师:你们可以再讨论、交流一下。

(在学生充分交流的基础上得到三角形的定义。)

生:由不在同一直线上的三条线段首尾顺次相接所组成的图形叫作三角形。

师:请同学们判断下列五种情形,符合三角形概念的是哪些?(见图6-23。)

生:只有(2)符合要求。

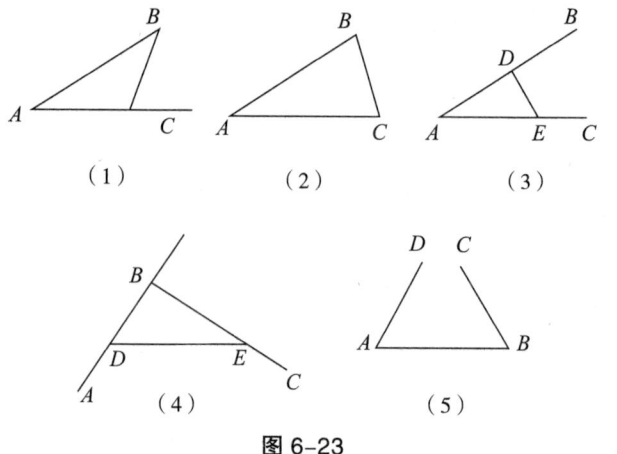

图6-23

师：其他的为什么不符合？老师想请同学说说原因。

生：（1）三条线段没有首尾顺次相接。

生：（3）（4）（5）也是三条线段没有首尾顺次相接。

设计理念或意图：通过探究，让学生从感性认识上升到理性认识；特别强调"首尾顺次相接"，做到了严格定义。

知识点 2：三角形及边、角的表示方法。

引导学生在回忆角与平行线的表示方法的基础上思考、交流，通过类比得到"三角形"的符号表示为"△"，可以把三角形顶点标上字母，用三个顶点字母来表示。

图 6-24 中的三角形可表示为△ABC，读作"三角形 ABC"。线段 AB、BC、CA 都是三角形的边，点 A、B、C 是三角形的顶点，∠A、∠B、∠C 是三角形的内角，简称三角形的角，△ABC 的三边有时也用小写字母 a、b、c 来表示，如顶点 A 所对的边 BC 用 a 来表示。

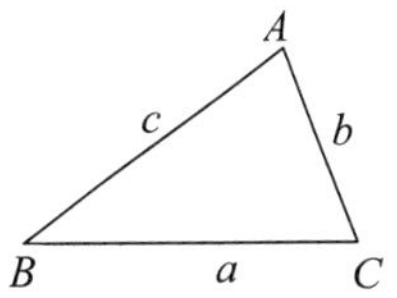

图 6-24

师：我们知道，三角形按角可分为锐角三角形、钝角三角形和直角三角形。那么三角形按边如何进行分类呢？

生：不知道。

师：提示，请同学们按"有几条边相等"将三角形分类。

生：明白了。

生：三条边都相等的三角形叫作等边三角形；有两条边相等的三角形叫作等腰三角形；三条边都不相等的三角形叫作……

师：三条边都不相等的三角形叫作不等边三角形，也叫作一般三角形。等边三角形和等腰三角形可以叫作特殊三角形。显然，等边三角形是特殊的等腰三角形。

知识点 3：三角形三条边的关系。

师：当我们知道了三角形的一些基本表示之后，我们迫切需要知道的是组成三角形的三个边及三个角是否存在一定的规律，如图 6-25 所示。

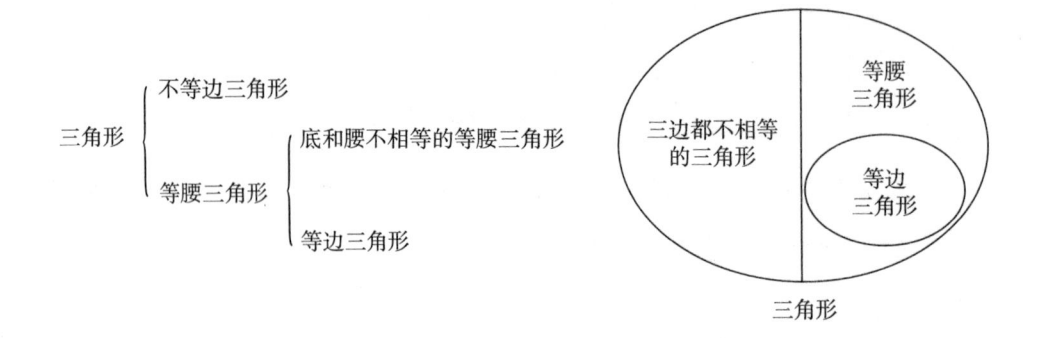

图 6-25　三角形三条边的关系

设计理念或意图：规范学生对三角形以及边、角的书写；在学生回答的答案的基础上让学生思考有无好的寻找方法，培养正确的数学思维。

师：下面我们主要来研究三角形的边的规律。

1. 直观感知三角形三边关系

思考：(PPT 显示问题) 如图 6-26 所示，在点 B 的松鼠，为了吃到点 C 的松子，它会选择 $B—C$ 路线，还是选择 $B—A—C$ 路线？你能讲出其中的数学道理吗？

生：选择 $B—C$ 路线，理由是"两点之间线段最短"。

2. 动手实践

师：选择长度为 8、10、16、26 的小棒摆一摆（课前已经布置），三根一组，共有几种组合，其中哪些组合不能构成三角形？哪些组合能构成三角形？

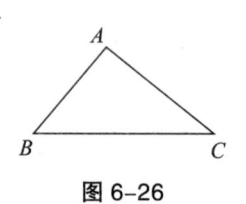

图 6-26

提出问题：

（1）是否任意长度的三条线段都能首尾相连组成三角形？

（2）如果不是，那么满足什么样的数量关系的线段能组成三角形？

提示：

不能组成三角形的组合是_____。

能组成三角形的组合是_____。

（3）猜一猜三角形的三条边之间有什么数量关系。

（4）你能用什么方法证明自己的猜想是正确的，请试着说明。

三角形三条边关系的结论：三角形两边的和大于第三边。

由不等式移项也可得：三角形两边的差小于第三边。

设计理念或意图：启发引导学生回忆"两点之间线段最短"，从而直观认识三角形两边之和大于第三边。通过此结论，可判断三条线段能否组成三角形。

片段 3　例题分析

例 1. 下列长度的三条线段能否组成三角形？为什么？

① 3，4，8；② 5，11，6；③ 12，10，8。

例 2. 等腰三角形的两边长分别为 4 和 7，则它的周长为____。

变式一：等腰三角形的两边长分别为 3 和 7，则它的周长为____。

设计理念或意图：由学生来讲解例题，教师补充，并对学生的回答进行补充，这样做对学生的学习可以起到一种提升作用。在例 2 中要求学生认真审题："两边长"并没有指明这一边是底还是腰，所以要分情况讨论。

片段 4　练习巩固

（1）已知等腰三角形的一边长等于 4，一边长等于 9，求它的周长。

（2）若等腰三角形的周长为 20，其中一边长为 6，则其余两边的长为多少？

设计理念或意图：通过练习来巩固学生所学的知识；让学生畅所欲言，积极发表自己的看法与想法，最大限度地发挥学生的潜能，激发其学习兴趣。

课内阅读：因为三角形具有稳定性，所以在生活中我们随处可见三角形，如小别墅的屋顶、高压电线杆的支架等，真是数不胜数。而三角形在古代却有它独特的作用。早期三角学不是一门独立的学科，而是依附于天文学，是天文观测结果演算的一种方法，因而最先发展起来的是球面三角学。希腊、印度、阿拉伯数学中都有三角学的内容，可大都是天文观测的副产品。例如，古希腊门纳劳斯著《球面学》，提出了三角学的基础问题和基本概念，特别是提出了球面三角学的门纳劳斯定理，但是在日常生活中，三角形的运用并不只限于这些。在 2001 年，俄罗斯就发明了一款三角形多用途飞机，这是一种两人乘坐的小型飞机，名为"克鲁伊兹"，由超轻型复合材料制成。飞机的机身呈三角形，机翼可在飞行员控制下灵活地变换飞行角度。"克鲁伊兹"配有特技飞行、领航和发动机参数控制系统，能够完成高难度的飞行动作且操作简便。它既可对林场、输电线路及石油管道进行多架次空中监护，为农田喷药施肥，又能搭载游客，使其亲身感受惊险的特技飞行，其优良性能与三角形的特性是分不开的。

（五）课堂反思

（1）什么是三角形？

（2）三角形及边、角如何表示？

（3）三角形三条边的关系是什么？

（4）谈谈你对吊脚楼与三角形关系的认识。

（六）教学思考

1. 课堂体验

（1）创设情境，激发兴趣。本课例以少数民族学生居住的房屋为切入点，让学生感受到数学就在我们身边，从而激发学生的学习积极性。在整堂课中，学生的学习兴趣被充分调动，人人都能动手动脑，充分进行探索。

（2）注重操作，培养能力。教学中，教师让学生亲身经历了探究的过程：围绕"任意的三条线段能不能围成一个三角形"这个问题让学生自己动手操作，并就结果由学生自己找出能围成或不能围成的原因，初步感知三角形三条边之间的关系，接着重点研究"能围成三角形的三条边之间到底有什么关系"。学生通过观察、验证和推导，最终发现三角形任意两边之和大于第三边这一结论。这样教学符合学生的认知特点，既增加了趣味性，又增强了学生的动手能力。

（3）总结得失，反思前进。评价一节数学课是否有效，最直接有效的方式就是通过练习得到反馈。笔者在练习设计上主要采用了层层深入的原则，先是基础知识的练习；然后用三角形的知识解决实际问题；最后增加拓展延伸题，让优等生在这个知识点上的学习更进一步。每一道题都运用了本节课的知识，每一道题目的呈现方式又都不同，这样既能让后进生跟得上，又能让优等生"吃得饱"，从而让全班同学共同进步。

本节的教学主线是"是不是任意三根小棒都能围成三角形"。学生们有困惑，不能理解，所以教师采用了几何画板再次动态演示。这一关键的教学环节，通过多媒体的演示操作，学生亲自经历了几何画板中的动态过程，并且还得出了判断技巧——只需用较小的两条线段之和与第三条线段的长度比较就好，从而突破了知识的难点。

2. 课堂思考

（1）五育培育。案例中创设了苗族建筑文化情境，这些建筑在展示我国传统建筑文化多样性的同时，也丰富了我国传统建筑文化的内容，是我国建筑文化不可缺少的组成部分。

今天这些工艺精湛的传统建筑无不让我们感受到美的存在和古人劳动的智慧。文化情境的创设增加了学生对少数民族文化的了解和热爱，促进了民族团结。同时在教学中，学生通过实际动手操作，总结出三角形的性质，发展了能力。案例中学生的德智体美劳得到了很好的培育。

（2）引导学生思考。本案例中通过"能围成三角形的三条边之间到底有什么关系？""为什么三角形的两边之和大于第三边，两边之差小于第三边？"等问题引导学生思考。

（3）引导学生表达。本案例中，通过引导学生用口头语言表达三角形三条边之间的关系等来提升其表达能力。

六、教学案例：菱形的性质

（一）知识点
（1）菱形的性质。

（2）中华优秀传统文化情境。布依族服饰文化源远流长，大致经历了唐、宋、明、清的历史演进。布依族服饰作为一种物质文化现象，其制作工艺复杂，整套服饰集纺织、印染、挑花及刺绣于一体。服饰上的装饰图案一般是通过刺绣和蜡染形成的，图案多为花草或几何图形，如谷粒纹、梅花纹、三角纹、菱形纹、八角纹、方格纹、圆圈纹和螺旋纹等。整个图案精准别致、古朴典雅，表达了布依族人民对美好生活的向往。

（二）课时目标
（1）掌握菱形的概念，知道菱形与平行四边形的关系。

（2）经历探索菱形性质的过程，发展主动探索、研究的习惯。

（3）会运用菱形的性质解决一些问题，进一步发展合情推理能力。

（4）了解菱形的现实应用，体验数学之美。

（三）核心问题
帮助学生利用菱形的性质解决一些问题，进一步培养学生的合情推理能力。

（四）课堂教学实录
片段1　情境引入，激发兴趣

师：剪纸是一种用剪刀或刻刀在纸上剪刻花纹，用于装点生活或配合其他民俗活动的民间艺术。在中国，剪纸具有广泛的群众基础，应用于各族人民的社会生活,是各种民俗活动的重要组成部分。其传承赓续的视觉形象和造型格式,蕴含着丰富的文化历史信息,表达了广大民众的社会认知、道德观念、实践经验、生活理想和审美情趣,具有认知、教化、表意、抒情、娱乐和交往等多重社会价值。

2006年5月20日,剪纸艺术遗产经国务院批准列入第一批国家级非物质文化遗产名录。

2009年9月28日至10月2日举行的联合国教科文组织保护非物质文化遗产政府间委员会第四次会议上,中国申报的中国剪纸项目入选"人类非物质文化遗产代表作名录"。

2018年12月,教育部办公厅公布南京航空航天大学为中国剪纸中华优秀传统文化传承基地。

师:在我们的剪纸图案中,有许多几何图案。见过菱形的吗?菱形不仅在剪纸中出现,还在贵州一些少数民族的服饰中作为点缀图案出现。

设计理念或意图:不仅要让学生学到数学知识,还要让他们了解民族文化,增强民族成就感。

片段2 再创情境,拓展提升,探究新知

师:我们看完图片了解了传统文化,你们是否能通过剪纸的方法去剪裁一个菱形,然后去探索你剪裁的过程,根据剪纸的原理说出菱形的性质?

生:在折叠剪裁的过程中我们发现菱形的四条边都相等,菱形的两条对角线互相垂直,并且每一条对角线平分一组对角。

师:归纳出菱形的性质:菱形的四条边都相等;菱形的两条对角线互相垂直,并且每一条对角线平分一组对角。

如图6-27所示,用四根木条搭成一个平行四边形框架$A'B'CD$,平移木条$A'B'$至AB,使得$AB=AD$,这时所得到的平行四边形$ABCD$有什么特征?说说看,并与同伴交流。

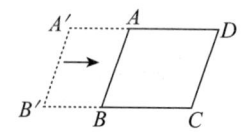

图6-27

生:四条边都相等。

师：那在平行四边形的基础上发生了怎样的变化？（教师提示。）

生：有一组邻边相等的平行四边形是菱形。

师：将一张呈矩形的纸对折两次，然后沿对折线剪下，再打开，就得到一个菱形。观察得到的菱形，它是轴对称图形吗？有几条对称轴？对称轴之间有什么位置关系？你能确认图形中有哪些线段或角相等？大家互相讨论，一会儿以小组的形式回答问题。

生：是轴对称图形，有两条对称轴，互相垂直。

师：（剩下内容教师做补充。）对角线互相平分，并且平分每一组对角。

看一看。（1）图 6-28 所示的是菱形和平行四边形，看看它们的对角线将各自分成的四个三角形有什么特征？

（2）对于图中的菱形 ABCD，如果知道它的两条对角线的长，你能求出它的面积吗？说说你的想法。

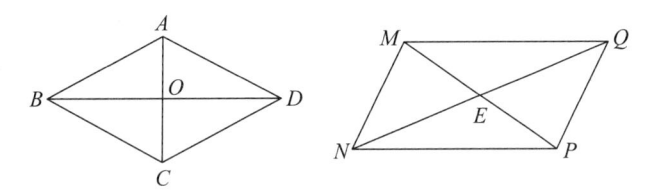

图 6-28

生：四个三角形全等，算一个小三角形的面积再乘 4。

师：非常好，也可以直接用底乘以高，因为它是特殊的平行四边形。通过学生们的求解还可以发现菱形的面积还等于对角线乘积的一半。

> 设计理念或意图：通过引入学生生活中的事，激发学生研究的热情，也提起学生的学习兴趣，让学生动手操作，锻炼动手操作能力。

片段 3　例题分析

例 1. 菱形的花坛 ABCD 的边长为 20 m（如图 6-29 所示），∠ABC=60°。沿着菱形的对角线修建了两条小路 AC 和 BD，求两条小路的长和花坛的面积。

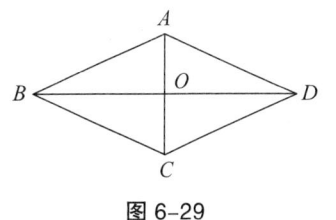

图 6-29

例 2. 如图 6-30 所示，四边形 ABCD 是菱形，对角线 AC=8 cm，BD=6 cm，DH⊥AB 于 H，求 DH 的长。

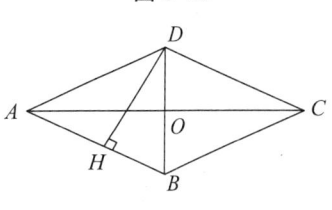

图 6-30

设计理念或意图：培养学生对推理过程的规范书写，使其感受数学的严谨性。

片段 4　练习巩固

1. 如图 6-31 所示，四边形 ABCD 是菱形，点 O 是两条对角线的交点，AB=5 cm，AO=4 cm，求两条对角线 AC 和 BD 的长。

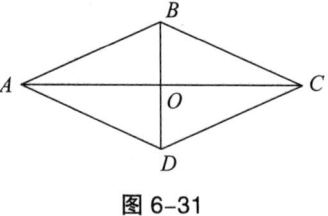

图 6-31

2. 如图 6-32 所示，菱形 ABCD 的内角 ∠ABC=120°，AB=4 cm，求菱形 ABCD 的面积。

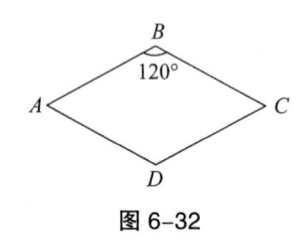

图 6-32

设计理念或意图：通过练习使学生巩固所学知识，加深理解。

（五）课堂反思

（1）我们学习了哪些知识？

①菱形的四条边都相等。

②菱形的两条对角线互相垂直，并且每一条对角线平分一组对角。

③菱形的面积等于对角线乘积的一半。

（2）思考：民族的服饰、建筑中，哪些用到了菱形的图案，举例说说。

（六）教学思考

1. 课堂体验

（1）创设情境，激发兴趣。教学中通过引入学生们生活中的情境，激发学生研究的热情，也激起了学生的学习兴趣。菱形的性质是人教版数学八年级下册四边形性质探索这一章中很重要的一节课。本节课的重点是使学生经历探索菱形性质的过程，在操作活动和观察分析过程中发展主动的审美意识，进一步体会和理解说理的基本步骤，了解菱形的现实应用和常用方法。

（2）找准思路，发展能力。本节课的教学思路是，先利用生活中的例子引入课题，然后讲菱形的定义，在掌握定义的基础上证明菱形的性质，然后学习菱形性质的应用。在这一过程中注重培养学生的思维，利用题型变换及学生自己出题总结规律等方式提高学生的逻辑思维能力。在培养灵活思维的同时注意解题"通法"这一不变因素，强化学生用解直角三角形的方法解决几何计算问题，用解特殊直角三角形的方法解决特殊菱形问题。

（3）总结经验，弥补不足。"教然后知困，知困然后能自强也。"案例中通过动手操作，更直观地感受菱形。通过类比，锻炼学生的归纳总结能力。由于大部分学生的积极性被调动起来，学习成绩中下等的学生也会积极参与回答问题。小组沟通交流学习的方法，也增加了学生之间和师生之间的沟通。

但本课仍有需要改进的地方。例如，对学生的情况过于乐观，导致预设的内容在本节课没有圆满完成。在今后的工作中，应加强对数学知识点的合理分类，形成架构，圆满完成教学任务。

在教学中，"自主达标"等新课标元素运用得不是太好。在合作交流的过程中，学生画图，写出已知和求证，再写出证明过程，这样很浪费时间。为了使课堂的容量增加，今后多采用让学生口述的方式，这样不仅节省时间，也可以锻炼学生的语言表达能力。

2. 课堂思考

（1）五育培育。教学中通过引入学生生活中的情境，增强了学生对传统文化的了解和热爱，培养了学生爱国、爱家乡的情怀，同时也使学生受到了美的浸染，提升了审美情趣。在题型的变化中，发展了学生的思维。

（2）引导学生思考。案例中通过学生剪纸的动手操作，让学生反复观察，引导学生思考。

（3）引导学生表达。案例中让学生把自己的想法、思考、总结用口头语言或书面文字表达出来。例如：说说菱形的性质；通过观察少数民族服饰，你发现了什么？

第五节　优秀的科技文化成果渗透的教学案例和教学思考

中华民族在历史的长河中，曾经创造了璀璨的古代文明，对人类文明做出了伟大的贡献。其中造纸术、指南针、火药和印刷术四大发明，天文历法、古代农业科技和古代水利工程等对世界产生了重大影响。除此之外，古人还留下了许多科技著作，如《考工记》《齐民要术》《梦溪笔谈》《永乐大典》《农政全书》等，对世界科技的发展做出了积极贡献。

教学中，特别是民族地区的农村中学教学，由于学生多数是少数民族，知识底子薄，他们中的大部分对数学有一种畏惧感，都觉得数学太冰冷，这让教师不得不思考怎么给数学升温，让冰冷的数学变得温暖，使学生喜欢。笔者认为常规的数学教学方法已经不太可行，我们应该转个弯。这让笔者想起了这样一个故事。一对师徒一起到山下去办事，徒弟问师父："如果现在下不去也上不来，那该怎么办呢？"师父思索了片刻后说："那就往旁边去。"师父的回答如醍醐灌顶。有时候，钻牛角尖和峰回路转往往就在一念之间。思维转个弯，会发现意想不到的路径。试想，在不受学生欢迎的课堂渗透一下优秀的科技文化，冰冷的课堂不就温暖起来了吗？笔者曾经多次尝试，收到了良好的教学效果。为此，本节中收集了勾股定理、一次函数等教学案例。

一、教学案例：科学记数法

（一）知识点

（1）科学记数法。

（2）中华优秀传统文化情境。优秀的科学技术成果是传统文化的一部分，创设计数法的发展情境，让学生了解我国对记数发展所作的贡献，增强对祖国的热爱之情，培养学生的爱国情怀。引入宇宙中的恒星数、太阳的半径及光的速度等教学情境，激发学生对人类智慧的尊崇和热爱，使之从小树立文化自信。

（二）课时目标

（1）利用10的乘方进行科学记数。

（2）会用科学记数法表示大于10的数。

（三）核心问题

运用科学记数法记数，培养学生的抽象思维能力、归纳概括能力。

（四）课堂教学实录

片段1　情境引入，激发兴趣

师：中国国家图书馆藏书约2亿册，藏书量居世界第五位。2003年国际天文学联合会大会上，天文学家指出，整个可见宇宙空间大约有700万亿亿颗恒星，那这个数字是多少呢？也就是在"7"后面加22个"0"，即约为 70 000 000 000 000 000 000 000 颗。太阳的半径约为 696 000 千米；富士山可能爆发，这将造成至少 25 000 亿日元的损失；光的速度大约是 300 000 000 米/秒；全世界大约有 7 000 000 000 人。

师：对于 696 000 千米、300 000 00 米/秒、700 000 000 人等这些大的数字，我们在书写时不方便，那么有简便的书写方式吗？

生：老师，我们在前面学习了乘方，可以写成乘方的形式。

师：是的。比如我们来观察，$10^5=100\ 000$，$10^6=1\ 000\ 000$，$10^{10}=10\ 000\ 000\ 000$，左边用 10 的 n 次幂表示简洁明了，且不易出错，右边有许多零，很容易发生写错的情况，读的时候也是左易右难，这就使我们想到用 10 的 n 次幂表示较大的数，比如 1 亿、100 亿等。但是像太阳的半径大约是 696 000 千米，光速大约是 300 000 000 米/秒，中国人口大约 14 亿等，我们如何能简单明了地表示它们呢？这就是本节课我们要学习的内容：科学记数法。

设计理念或意图：在情境引入时设计 700 000 000 人、300 000 000 米/秒、696 000 千米等这些大的数字是为了让学生感觉这些数字书写不方便；从而想到乘方，为本节课科学记数法的学习做铺垫，也将学习了科学记数法后的书写方式和现在的书写做对比，从而让学生明白本节课的重要性。

片段 2　再创情境，拓展提升，探究新知

传统文化渗透：利用 PPT 展示计数法的发展。

计数法是指记录数目的方法。古时人们就有了建构较大的数的可能性，涉及大数，是否有更简便的记法呢？古人也做了许多研究。中国汉代人徐岳写了一部数学书，叫《数术记遗》，其中就有我们现在用的万、亿、亿亿……之法。古希腊的著名数学家、科学家阿基米德也列出了一种大数记法，是"亿"进位。后来随着科学的发展，人们越来越多地遇到很大的数，怎样更好地表示大数就成了一个重要的问题。近代时期，科学界的努力使人们解决了"指数"和"方幂"的符号表示的问题，为新的大数记法打下工具基础。在这种情况下，最初是在最先遇到大数的天文学和工程技术中产生了"科学记数法"，后来逐渐完善为现代的形式。

设计理念或意图：渗透传统文化的目的是让学生知道科学记数法的由来，了解传统文化，增强学生的文化自信，以及学习数学的自信。

片段3　例题分析

师：现在同学们把运算结果对一下，并看一下 10^n 的特征。

$10^1=10$，$10^2=100$，$10^3=1\,000$，$10^4=10\,000$，$10^{10}=10\,000\,000\,000$。

师：10^n 中的 n 表示 n 个 10 相乘，哪位同学说一下，它与运算结果中 0 的个数有什么关系？与运算结果的数位有什么关系？

生：n 与 0 的个数相等；位数是 $n+1$。

师：回答得很好，我们根据上面积累的经验做两组例题。

例1.用科学记数法表示下列各数：

（1）$1\,000\,000$；

（2）$57\,000\,000$；

（3）$-123\,000\,000\,000$。

例2.下列用科学记数法表示的数，原数是什么？

（1）2003 年 10 月 15 日，中国首次进行载人航天飞行，神舟五号飞船绕地球飞行了 14 圈，行程约为 6×10^5 千米；

（2）一套《辞海》大约有 1.7×10^7 个字；

（3）1972 年 3 月发射的先驱者 10 号是人类发往太阳系外的第一艘人造太空探测器，至 2003 年 2 月人们最后一次收到它发回的信号时，它距离地球 1.22×10^{11} 千米。

下面我们介绍科学记数法的形式。

任何一个数都可以表示成整数数位是一位数的数乘 10 的 n 次幂的形式。

例如，$100=1\times100=1\times10^2$，$6\,000=6\times1\,000=6\times10^3$，$7\,500=7.5\times1\,000=7.5\times10^3$。

师：第一个等号是我们在小学里就学习过的关于小数点移动的知识，我们现在要做的就是把 100、1 000 等变成 10 的 n 次幂的形式。现在请一个同学把课本上关于科学记数法的定义读一遍。

生：我们把大于 10 的数记成 $a\times10^n$ 的形式，其中 a 是整数位只有一位的数，n 是自然数，这种计数法叫作科学记数法。

师：现在我们只学习绝对值大于 10 的数的科学记数法，以后我们还要学习其他一些数的科学记数法。说它科学，因为它简单明了，易读易记易判断大小，在自然科学中经常运用。请一个同学再来根据自己的理解表述一下这个定义。

生：用字母 N 表示数，则 $N=a\times10^n$（$1\leqslant|a|<10$，n 是整数），这就是科学计

数法。

师：很好！

> **设计理念或意图**：列举神舟五号和先驱者10号，旨在让学生对航空事业的发展有所了解，并引起学生的学习共趣。

片段4 练习巩固

1. 把下面各数写成10的幂的形式。

1 000，100 000 000，100 000 000 000。

2. 指出下列各数是几位数。

10^3，10^5，10^{12}，10^{100}。

（同学们练习2分钟后。）

师：哪位同学说一下求解答案？

生1：练习1中依次为10^3，10^8，10^{11}。

生2：练习2中分别是4位数、6位数、13位数、101位数。

师：完成得很好！

（五）课堂反思

师：什么是科学记数法，以及为什么学习科学记数法？

生：我们把大于10的数记成$a \times 10^n$的形式，其中a是整数位数只有一位的数，n是自然数，这种记数法叫作科学记数法。

师：请一个同学说说你对科学记数法中字母a的规定及10的幂指数与原数整数位数的关系的理解。

生：科学记数法是一种特定的记数方法，其形式为$a \times 10^n$，应注意现阶段学习的科学记数法中的a满足的条件是$1 \leqslant a < 10$，也就是a为整数位只有一位的数。而由于a是只有一位整数位的数，所以n的值等于原数的整数位数减1。

（六）教学思考

1. 课堂体验

（1）重在体验，总结经验。

①用世界人口问题等来创设问题情境，调动了学生学习的积极性，激发学生的求知欲。

②通过复习10^n，并探究其中的规律，在无异议的情况下，又展示了几道与上题

相反的有规律的问题,进而展示更为复杂的几道题,使同学们在合作探究中,探究出科学记数法的表示方法。

③通过小组讨论来解决绝对值小于10的数用科学记数法表示的规律这一难点,使学生明白一个小于10的数可以表示成 $a \times 10^n$ 的形式,其中 $1 \leq a < 10$,n 是正整数,$n=$ 整数位 -1。

④通过实例,使同学们合作探究出科学记数法的定义,并用科学记数法表示了一些比较大的数,而且练习了一些用科学记数法表示的数,写出原数是多少,进一步让学生理解指数 n 与整数位的关系:$n=$ 整数位 -1。

(2)反思不足,继续前进。

①整个教学过程突出了重点也攻克了难点,各个教学环节环环相扣,步步加深,通过小组讨论、师生间的合作与交流,每个学生都能从同伴的交流中获益,同时也培养了学生的合作意识。

②本节课达到了预期的效果,学生积极踊跃,课堂气氛活跃,学生能互相出题并能正确解答。

③本节课的不足是一些基础较差的同学在课堂上显得有些被动和吃力,课后应加强对这些同学的辅导。

2. 课堂思考

(1)五育培育。列举神舟五号和先驱者10号,旨在让学生对航空事业的发展有所了解,而且以此为切入点引导学生学习,调动其积极性。在合作探究的氛围下,探究出科学记数法的表示方法,让学生感悟到数学的简洁美。

(2)引导学生思考。本案例通过情境中的大的数字,让学生感觉到这些数字书写不方便,从而想到乘方,为本节课学习科学记数法做铺垫,也将学习了科学记数法后的书写方式和现在的书写做对比,从而让学生明白本节课的重要性。

(3)引导学生表达。通过教学,引导学生通过情境、课堂小结等归类总结,表达出什么是科学记数法,以及为什么学习科学记数法等。

二、教学案例:相反数

(一)知识点

(1)相反数的概念。给出一个数,能求出它的相反数。

(2)中华优秀传统文化情境。据史料记载,早在两千多年前,我国就有了相反数的概念，掌握了相反数的运算法则。我国三国时期的学者刘徽在确定相反数的概念上有重大贡献，他首先给出了正负数的定义，他说："今两算得失相反，要令正负以名之。"[①]意思是说，在计算过程中遇到具有相反意义的量，要用正数和负数来区分它们。刘徽最早提出了正、负数的概念，比国外早了七八百年。

（二）课时目标

（1）借助数轴了解相反数的概念，知道两个互为相反数的数的位置关系。

（2）给出一个数，能求出它的相反数。

（3）借助数轴，通过观察特例，总结出相反数的概念；从数和形两个侧面来理解相反数。

（三）核心问题

借助数轴，通过观察特例，总结出相反数的概念；从数和形两个侧面来理解相反数。

（四）课堂教学实录

片段1　情境引入，激发兴趣

现场活动：

请一名学生上台，站在教室过道的中央，向前走6步，再向后走6步。

师：若向前走记为正，那么向后走记为什么呢？

生：记为负。

师：很好！向前走6步记为多少？

生：（齐答）+6。

师：向后走6步呢？

生：-6。

师：以该同学未走时的点为原点，在黑板上画一条数轴观察。向前、向后都是6步，但方向相反，用+6、-6来表示，这两个数有哪些意义呢？

生1：符号相反，意义不同。

生2：这两个数到原点的距离相等。

师：很好！在数学中，具有大家所说的上述特点的两个数称为互为相反数，今天我们大家一起来共同学习相反数的概念。

---

① 刘徽.九章算术[M].南京：江苏凤凰科学技术出版社，2016.

> 设计理念或意图：创设情境，让学生直观地理解相反数，让学生感受到相反数就在我们身边，激发其学习的热情。在教师问题的提示下，让学生自己去发现、验证。

片段2　再创情境，拓展提升，探究新知

人们在生活中经常会遇到各种相反意义的量。比如，在记账时有余有亏；在计算粮仓存米时，有时要记进粮食，有时要记出粮食。为了方便，人们就考虑用相反意义的数来表示。于是人们引入了正负数这个概念，把余钱、进粮食记为正，把亏钱、出粮食记为负。可见正负数是在生产实践中产生的。

刘徽第一次给出了区分正负相反数的方法。他说："正算赤，负算黑；否则以邪正为异。"[①]意思是说，用红色的小棍摆出的数表示正数，用黑色的小棍摆出的数表示负数；也可以用斜摆的小棍表示负数，用正摆的小棍表示正数。

师：一般地，一个数由两部分构成，即符号和刚才提到的"符号后面的数"，考虑这两个方面，大家也就采用了两种不同的分法。

（1）把"符号"是否相同作为分组的依据，得到的是已经学过的一组正数和一组负数；

（2）把"符号后面的数"是否相同作为分组的依据，得到了 –1 与 +1、+2 与 –2 这样成对的数，那么它们又应该叫什么数呢？

生：相反数。

师：你是怎样想到把它们叫相反数的呢？

生：看书知道的。（众笑。）

师：你们先预习了今天的内容，知道了像 +2 与 –2 这样的一对数是相反数（板书课题），不知你们是否想过，为什么叫相反数而不叫别的数呢？现在请大家思考一下。

生：一个正数，一个负数，表示的意义相反，所以叫相反数。

师：说出了最重要的原因。不过照这种说法，–4 与 +3 也是相反数，是吗？

生（众）：不是，它们符号后面的数不同。

师：分析得有道理。现在请大家用尽可能简单的一句话说明什么样的两个数叫相反数。

[①] 刘徽.九章算术[M].南京：江苏凤凰科学技术出版社，2016.

生：符号不同、符号后面的数相同的两个数叫相反数。（板书。）

生：一个数前面添上不同的符号后得到的两个数叫相反数。（板书。）

师：请你举例说明。

生：如5前面添上"+""–"得到的+5和–5是相反数。

师：说得都很好，用简洁的语言把数的两个部分的关系都讲清楚了。课本上说"只有符号不同的两个数叫作互为相反数"（板书），这与刚才两个同学的说法一致吗？

生（众）：是一致的。"只有符号不同"说明其他的都相同，包含了"符号后面的数相同"的意思。

师：很好，挖掘出了言外之意。关于什么叫相反数，谁还有新的说法？

生：只有符号后面的数相同的两个数叫作互为相反数。（板书。）

师：反应很快，"只有符号后面的数相同"的言外之意是"符号不同"，与课本上的说法是一致的。

由此可见，同样的意思，可以用不同的语言来表达，在数学学习中，我们应该对此多加注意。需要说明的是，课本用"只有符号不同"表述包含"符号后面的数相同"的意思，好处是使相反数的概念更精练，同时也避免了使用"符号后面的数"这一容易引起误会的说法，关于这一点，以后我们还将看到。

关于相反数，谁有什么疑问，请提出来。

生：为什么说"互为相反数"？

师："互"就是"相互"的意思，如+2是–2的相反数，也可以说–2是+2的相反数，即+2与–2互为相反数。请大家一起把"+1与–1互为相反数"的意思说具体一点。

生（众）：+1是–1的相反数，–1是+1的相反数。

师：谁还有问题吗？

生：0有没有相反数？

师：你怎么想起了这样一个问题呢？

生：前面提到的相反数总是一正一负，我就想到是否遗漏了0。

师：老师真为你高兴，你想到了一个不能遗漏的重要问题。关于0有没有相反数，请大家不要急于看课本，先思考一会儿，然后相互交流各自的看法。

师：先请一名认为0没有相反数的同学说明理由。

生：因为相反数总是一正一负，符号不同，而0既不是正数也不是负数，所以0没有相反数。

师：有道理。那么认为0有相反数的理由又是什么呢？

生：0也可以写成+0和-0。比如，某人做生意不赚也不亏，可以说赚了0元，也可以说亏了0元，即可记作+0元和-0元，所以+0=-0=0，+0的相反数为-0，0的相反数就是0。

师：也有道理。从表面上看，0与0互为相反数。好像不符合符号不同这个要求，但是像刚才那位同学举的例子中提到的+0和-0，并且+0=-0=0也是可以的，所以，关于特殊的0，课本上特别指出（板书）：0的相反数是0。

口答练习：说出下列各数的相反数：-7，-0.5，0，6，+1.5。

> 设计理念或意图：学生小组合作，用不同的方法讨论相反数；通过实际操作，让学生对相反数有一个整体的认识，并初步学会分类讨论，为下一步的学习打下基础，运用所学的知识解决实际问题，真正做到学以致用。

片段3　例题分析，知识迁移

例：请在数轴上标出表示+2的相反数的点。

（教师有意隐藏了三角板、圆规，板演的学生凭肉眼估计画出了表示-2的点。）

师：请大家判断，表示-2的点位置是否正确。

生（众）：好像偏右了一点，应该再向左边一些。

师：正确的点应该在什么样的位置？

生：-2到原点的距离与+2到原点的距离相等。

师：再补充几个字就好了。

生：表示-2的点到原点的距离与表示+2的点到原点的距离相等。

师：非常准确，不是数到原点的距离，而是点到点的距离，表示数的点到原点的距离。谁到黑板上来检验表示-2的点的位置是否正确？（一名学生利用三角板测量出了表示-2的点的正确位置，教师用圆规又检验了一次。）

把-6，5，0，-2.5和它们的相反数都表示在数轴上。

师：练习中，我们发现，除0外，在数轴上表示相反数的点分别位于原点的左右两边。为什么除0外表示相反数的点一定会分别位于原点的左右两边呢？

生：因为除0外，两个相反数总是一负一正，所以表示相反数的点分别位于原点的左右两边。

师：分析得对。谁能用相反数的概念中的某些词语来说明这个问题？

生：就是"符号不同"。

师：很好，因为"符号不同"，所以表示相反数的点分别位于原点的左右两边。当我们用眼观察图形，看出了相反数的一个特点后，一定要进一步开动大脑思考为什么会有这样的特点，而往往从概念中就能找到原因。从数轴上看，相反数的另外一个特点是，表示每一对相反数的点到原点的距离相等。（板书。）为什么表示相反数的两点到原点的距离相等？

生：相反数的概念中"只有符号不同"意味着其他的相同，就是"符号后面的数相同"，在数轴上表示就是距离相等。

师：很好，很快就掌握了老师提到的分析问题的方法。关于相反数，我们是从"符号"和"符号后面的数"两个方面去研究的，这两方面的特点既体现在相反数的概念中，又体现在数轴上，将二者结合起来考虑将有助于以后的数学学习。

师：在前面的分析中，我们总是将特殊的0排除在外。请大家回顾一下，到现在为止，0的特殊性表现在哪些方面？

生（众）：0既不是正数，也不是负数，0的相反数还是0，0不能作除数。

师：前面提到的三个方面中，有哪两个方面是联系在一起的？

生：前面两个方面是联系在一起的。因为0既不是正数，也不是负数，所以0的相反数还是0。

师：说得好，希望大家以后能像今天一样开动脑筋思考问题。现在请同学来了解相反数的由来。

> 设计理念或意图：营造中华优秀传统文化情境，将数学文化与数学知识有机地融合起来，彰显数学文化的本性，使学会感悟到智慧的创造来源于劳动，激发爱国热情，坚定文化自信。

片段4　练习巩固

1. 下列各组数中，互为相反数的是（　　）。

A.2 和 −2　　B.−2 和 12　　C.−2 和 −12　　D.12 和 2

2. 下列说法中正确的是（　　）。

A.−3 是相反数　　B.−3 与 +2 互为相反数

C.$-\dfrac{2}{3}$ 与 $-\dfrac{3}{2}$ 互为相反数　　D.−16 的相反数是 16

3. 已知 $2x-3$ 与 -5 互为相反数，求 x 的值。

4. 化简下列各数。

（1）$-(-5)$；　　（2）$-(+5)$；（3）$+(-8)$；　　（4）$-[-(+13)]$。

5. 一个数的相反数大于它本身，这个数是（　　）。

A. 有理数　　B. 正数　　C. 负数　　D. 非负数

6. 如果 $2x-4$ 的值与 0 互为相反数，那么 x 等于（　　）。

A. 0　　B. 2　　C. -2　　D. ±2

（五）课堂反思

关于相反数，本堂课是从"符号"和"符号后面的数"两个方面去研究的，这两方面的特点既包含在相反数的概念中，又体现在数轴上，将二者结合起来考虑将有助于以后的数学学习。

注意：0 既不是正数，也不是负数，0 的相反数还是 0，0 不能作除数。

设计理念或意图：知识内化，提升学生的归纳能力。

（六）教学思考

1. 课堂体验

（1）尝试应用，解决问题。

①为了顺利完成教学任务，先以发散思维的形式，让学生感受数字的变化，一下子把学生的注意力全集中在课堂上，接着通过带有激励性的语言使学生积极参与到对问题的思考之中。带着好奇心和求知欲，学生很快进入学习状态。

②在对相反数概念的提炼及应用的过程中，通过探究、合作、交流，以及师生有目的的对话，学生对相反数有了更深的理解，培养了学生良好的思维品质，并用数学知识进行了检验，学生积极参与，思维活跃，兴趣高。

（2）总结经验，改进方法。

①导入新课要结合实例。良好的开端是成功的一半，引入是否恰当，直接影响到学生学习的情绪，以及思维的活跃程度。结合学生身边的实例导入新课，不但可提高学生的学习兴趣，激发求知的内驱力，而且可使所要学习的数学问题具体化、形象化。

②加深理解新知要联系生活实际。在新知的教学时，如果能结合学生的日常生活，创设学生熟悉与感兴趣的具体生活活动情境，就能引导学生通过联想、类比，

加深对新知的理解。

③要在生活实践应用中巩固新知，在教学中渗透中华优秀传统文化。我国三国时期的学者刘徽在确定相反数的概念上有重大贡献，通过刘徽的情境导入，学生认识到数学来源于实践，又服务于实践。为此，在数学教学中，我们要创设运用数学知识的条件给学生以实际活动的机会，使学生在实践活动中加深对新学知识的掌握。

（3）找出遗憾，反思前进。今后要善于从学生已有的生活经验出发，创设生动、有趣的生活情境，强化感性认识，引导学生在情境中观察、操作和交流，使学生体验数学与日常生活的密切联系，感受数学在生活中的作用，加深其对数学的理解，并使其能运用数学知识解决现实问题。同时，鼓励学生多角度思考问题，优化解题策略。

2. 课堂思考

（1）五育培育。在情境导入的过程中，将体育活动与教学融合起来；在介绍相反数的由来时，创设了中华优秀传统文化情境，使学生萌生对古代数学家的由衷敬佩，同时也对在劳动中创造的智慧表示尊崇。如此更好地进行了爱国主义教育，在进行智育的同时，巧妙地进行了体育、德育。

（2）引导学生思考。通过学生常规的体育活动情境引入，引导学生把体育活动问题转化为数学问题，使学生感受到数学来源于生活，并学会将数学知识应用于生活。同时借助课堂练习，引导学生思考解题的方法思路。借助中华优秀传统文化情境，引导学生思考。

（3）引导学生表达。在情境创设的教学中，学生通过体育活动，引出相反数的概念。在教学探究中，引导学生通过思考后，表达什么叫互为相反数；提出"为什么它们互为相反数""从刘徽给出相反数的定义，你想到了什么"等。

三、教学案例：一次函数的概念

（一）知识点

（1）一次函数的概念。

（2）中华优秀传统文化情境。中国古人十分善于总结，比如，通过蟋蟀的叫声就能测出当天的温度，同时也总结了不少谚语，这些都是中华优秀传统文化，是古人智慧的结晶。蟋蟀的叫声非常独特，具有一定的规律性，古代没有温度计，据说要想知道当日的温度是多少，只要数数蟋蟀每分钟叫的次数就可知了。在我国自古就有"蟋蟀上房叫，庄稼挨水泡"等谚语，以此作为人们识别天气、安排农耕的有利依据。

（二）课时目标

（1）理解一次函数的概念以及它与正比例函数的关系。

（2）能根据已知的信息写出一次函数的表达式，能利用一次函数解决简单的问题。

（三）核心问题

通过探究一次函数的概念能写出一次函数的表达式，更好地理解数形结合转换。

（四）课堂教学实录

片段1　情境引入，激发兴趣

师：同学们，今天我们将学习新的内容。在学习新内容前，我们共同复习一下前一节知识——正比例函数。什么叫正比例函数？

（众多学生举手，争相回答。）

生：形如 $y=kx$ 的函数叫正比例函数（其中 k 是常数，$k\neq0$，k 叫作比例系数）。

师：学习正比例函数时，我们要注意哪些细节？

生：①符合 $y=kx$ 结构；②$k\neq0$；③x 的次数必须是1次。

师：正比例函数的图象是什么样的？

生：是一条经过原点的直线。

师：正比例函数的性质是什么？

生：当 $k>0$ 时，图象过一、三象限，函数值 y 随着自变量 x 的增大而增大。

当 $k<0$ 时，图象过二、四象限，函数值 y 随着自变量 x 的增大而减小。

师：看来大家学得都不错哦，继续加油！

师：下面请同学们观察屏幕上的问题并思考。（多媒体展示。）

某登山队大本营所在地的气温为5 ℃，海拔每升高1 km，气温下降6 ℃，登山队员由大本营向上登高 x km，他们所在位置的气温是 y ℃，试用解析式表示 y 与 x 的关系。

师：我们请一位同学分析一下并在黑板上写出解析式，其余同学都是评委。

（众多学生举手，大家争先恐后。）

生：y 随 x 的变化规律是，从大本营向上海拔每增加1 km 时，气温减少6 ℃，增加2 km 时，气温减少12 ℃，因此增加 x km 时，气温减少 $6x$ ℃，由于气温是由5 ℃开始减少，所以 y 与 x 的函数关系为 $y=5-6x$，变形可写成 $y=-6x+5$。

师：同学们对他的回答满意吗？

生（众）：满意。

> 设计理念或意图：让学生温习、重现已学的相关知识，既是对上节内容的巩固，又为本节建立一次函数概念进行类比做好了铺垫。对已有知识的梳理可使学生获得成就感，从而激发其学习兴趣。通过师生共同探究，帮助学生找到建立一次函数解析式的一般方法，为下面学生自己探究指明解决问题的方向。同时让学生初步对这个新的函数解析式与正比例函数的一般形式进行类比，找出不同，激发其求知欲。

片段2 再创情境，拓展提升，探究新知

（多媒体展示。）

师：思考下列问题，写出对应的函数解析式。

（1）有人发现，在20～25 ℃时蟋蟀每分钟鸣叫次数 C 与温度 t（单位：℃）有关，即 C 的值约是 t 的7倍与35的差。

（引入传统数学教学。）

师：蟋蟀，亦称促织。蟋蟀的叫声非常独特，具有一定的规律性。古代没有温度计，据说要想知道当日的温度是多少，只要数数蟋蟀每分钟叫的次数就可以了。难道在蟋蟀歌声的背后还有着我们不曾了解的数学秘密吗？

其实，在古代蟋蟀唱歌的频率可以用来计算温度。我们可以用一次函数来表示：$C=7t-35$。其中 C 代表蟋蟀每分钟叫的次数，t 代表温度。按照这一公式，我们只要知道蟋蟀每分钟叫的次数，不用温度计就可以知道天气的温度了！

当蟋蟀每分钟叫14次时，当时的温度是多少度呢？

生：7 ℃。

师：在我国自古就有"蟋蟀上房叫，庄稼挨水泡"等谚语，以此作为人们识别天气、安排农耕的有利依据。

（2）一种计算成年人标准体重 G（单位：kg）的方法是，以 cm 为单位量出身高值 h，h 再减常数105，所得的差是 G 的值。

（3）把一个长10 cm，宽5 cm的长方形的长减小 x cm，宽不变，长方形的面积 y（单位：cm²）随 x 的值而变化。

师：大家可以独立思考，也可以互相讨论，给出上面问题中（2）（3）的解析式。

（大约两分钟后，同学们争先恐后作答。）

师：我们请一位同学展示一下问题中（2）（3）的解析式，其他同学还是做好评委。

生：（2）$G=h-105$；（3）$y=-5x+50$（$0 \leq x < 10$）。

师：同学们，他说得正确吗？

众生：正确。（掌声一片。）

师：同学们能找到这些表达式的共同特征吗？

生1：左边是因变量y，右边是含自变量的代数式。

生2：都是关于未知数的一次关系式。

师：如果用k表示一次项系数，用b表示常数项，你们能用一个含有字母的式子概括上述表达式吗？

生：能，$y=kx+b$。

师：你们能类比正比例函数的定义给一次函数下定义吗？

生：能，形式为$y=kx+b$，k、b为常数，$k \neq 0$。

师：若两个变量x、y间的关系式可以表达成$y=kx+b$（k、b为常数，$k \neq 0$）的形式，则称y是x的一次函数。

特别地，当$b=0$时，称y是x的正比例函数。

判断一个一次函数是否是一次函数，应注意什么问题？

生：①是整式；②自变量x的最高次是1次。

设计理念或意图：通过让学生自主探究，让学生在教师的引导下，类比正比例函数的概念建立起一次函数的概念，并进一步理解正比例函数与一次函数的联系，从而达到知识的迁移，同时在探究中学会合作；情境的创设是为了让学生体会数学与现实生活的联系；让学生不仅能学习数学知识，还能了解中国传统文化的魅力，引发学生的学习积极性和民族成就感。

片段3　例题分析

例1. 下列函数中哪些是一次函数？哪些是正比例函数？

① $y=-2x$；② $y=-\dfrac{2}{x}$；③ $y=2x^2-3$；④ $y=\dfrac{1}{3}x+2$。

生：①是正比例函数；④是一次函数；②既不是一次函数也不是正比例函数；③既不是一次函数也不是正比例函数。

师：①④是一次函数，①是正比例函数。一次函数包括正比例函数。

例2. 一个小球由静止开始在一个斜坡上向下滚动，其速度每秒增加2 m/s。

（1）求小球速度v随时间t变化的函数关系式，它是一次函数吗？

（2）求第2.5 s时小球的速度。

师：我们如何理解这个问题呢？要解决这个问题，要善于抓住关键词。

（分析过程略）

生：（1）$v=2t$，是一次函数；

（2）当$t=2.5$时，$v=2×2.5=5$，即当$t=2.5$ s时，小球的速度是5 m/s。

师：我们是从哪个方面来认识一次函数的？你能举例说明吗？

生：从表达式上，$y=kx+b$，如$y=3x+2$。

师：你能够从实际情境中列出关系式吗？

生：能。认真分析题中的数量关系，找到变量，搞清楚变化关系，就能列出关系式。

> 设计理念或意图：深刻理解一次函数的概念，区分一次函数与正比例函数，既巩固新知，又对正比例函数进一步掌握。

片段4　练习巩固

1. 下列函数中哪些是一次函数，哪些又是正比例函数？

（1）$y=-8x$；（2）$y=5x^2+6$；（3）$y=2x+1$。

2. 汽车油箱中原有油50 L，如果行驶中每小时用油5 L，求油箱中的油量y（单位：L）随行驶时间x（单位：h）变化的函数关系式，并写出自变量x的取值范围。y是x的一次函数吗？

3. 气温随着高度的增加而下降，下降的一般规律是从地面到高空11 km处，每升高1 km，气温下降6 ℃，高于11 km时，气温几乎不再变化。设地面的气温为38 ℃，高空中x km的气温为y ℃。

（1）当$0 \leqslant x \leqslant 11$时，求$y$与$x$的关系式。

（2）求当$x=2$，5，8，11时y的值。

（3）在离地面13 km的高空处，气温是多少度？

（4）当气温是-16 ℃时，是在离地面多高的地方？

> 设计理念或意图：通过练习，巩固新知，使学生深刻理解一次函数与正比例函数，并能学以致用，解决实际问题。

（五）课堂反思

（1）函数、正比例函数、一次函数的概念及它们间的关系。

（2）就本节课所学、所想、所思、所获，交流体会。

（六）教学思考

1. 课堂体验

（1）创设情境，激发兴趣。利用学生熟悉的知识情境，让学生温故而知新，同时借助蟋蟀的叫声与温度的函数关系式，渗透中华传统文化，使学生浸润在传统文化的浩瀚海洋之中，激发其学习兴趣。突出数学知识来源于生活，生活离不开数学，同时使学生感受到古代劳动人民的智慧。

（2）搭建平台，小组探究。在教学过程中，采用让学生亲自动手、动脑画图的方式，通过教师的引导，学生的分组交流、归纳等环节，较成功地完成了教学目标，收到了较好的效果。本课生活中的几个实例，引入一次函数的概念，接着让学生通过练习辨别一次函数，再通过练习写解析式，最后是做关于一个结合生活实例的例题和相关的两个练习，总结结束。大量的练习使学生获得了实际应用能力。

（3）注重总结，提升认识。由于一次函数概念的含义较为抽象、深刻，往往不能一下子就从其定义的文字真正地理解它，突出重点的办法是从生活中的具体例子逐步抽象出一次函数的一般形式。一次函数的图象由正比例函数图象迁移得出，学生比较容易理解，突出了学生主体性的理念。正确把握一次函数的概念的理解和应用，为以后的进一步学习打下了基础。

2. 课堂思考

（1）五育培育。一次函数模型的建立，体现了数学的形式美。将生活中的实际问题"数学化"，使学生体验数学在解决实际问题中的作用，促进学生逐步形成和发展数学应用意识，提高实际应用能力。在小组合作探究过程中，培养了学生的合作意识。在渗透中华优秀传统文化中，让学生不仅能学习数学知识，还能了解中国传统文化的魅力，引发学生的学习积极性和民族成就感。

（2）引导学生思考。启发学生思考以下问题：在练习中，如何归纳出一次函数的解析式？引入中华优秀传统文化后，你受到了哪些启发？

（3）引导学生表达。教学中可重点指导学生表达、交流个人体会，再互相分析，在师生的共同探讨中逐步抓住知识的本质，再鼓励学生主动地表达出来。

四、教学案例：勾股定理

（一）知识点

（1）勾股定理。

（2）中华优秀传统文化情境。创设《周髀算经》记载的古代数学家商高的故事，表现了我国古人对数学的钻研精神和聪明才智，也激发了学生的学习兴趣。

（二）课时目标

了解关于勾股定理的一些文化历史背景，会用面积法来证明勾股定理，体会数形结合的思想，会用勾股定理进行简单的计算。

（三）核心问题

会用勾股定理进行简单的计算；在勾股定理的证明中，体会数形结合的思想。

（四）课堂教学实录

片段1　情境引入　激发兴趣

出示PPT：故事：西周时期，我国有个叫商高的数学家，他十分精通计算、测量，他所在的国家西周的大王很赏识他；有一天大王见他就问道"商高，你最近又有什么新的发现吗？"商高点头说"大王，确实有。如果你给我两条知道长度的木条把它们拼成垂直的形状（画图），然后，我不用测量也可以知道第三边线段的长度。"大王很有兴趣的尝试了几组数据，结果发现商高的答案总是和测量的相符。

师：同学们，哪位知道商高是怎么做到的呢？

生：（多数学生摇头）不知道。

师：请大家拿出3 cm、4 cm、5 cm的小棒，先用3 cm、4 cm的两根摆成直角。然后请大家计算3^2与4^2的和。

生：25。

师：对，那么25是几的平方呢？

生：（齐答）5的平方。

师：对，请大家把3 cm、4 cm、5 cm的小棒摆成一个三角形，这个三角形是什么三角形？三边有什么关系？

生：直角三角形，$3^2+4^2=5^2$。

师：同学们，商高是怎么做到的，现在你知道吗？商高发现在直角三角形中有这样的关系：若用a、b表示两直角边，为c斜边，则$a^2+b^2=c^2$，也就是直角三角形中的两条直角边的平方和等于斜边的平方。这就是我们所要学习的新内容：勾股定理。

> 设计理念或意图：通过商高的故事情境引入，激发学生研究的热情，也激起了学生的学习兴趣。

片段2 再创情境、探究新知

师：在数学上，人们总是通过严密的证明推理来说明结论的正确性，为了说明勾股定理的正确性，世界上有很多的人都去证明过。下面就选择其中的一种，用所学过的知识对它进行证明。

师：三个正方形所围成的等腰直角三角形三边之间有什么特殊关系？（提示：学生量一量。）

生：两个小正方形边长的平方相加等于大正方形边长的平方。

师：一般的直角三角形，以它的三边为边长的三个正方形是否也有类似的面积关系？（每个小正方形的面积为单位1。）

生：小正方形的面积之和等于大正方形的面积。

师：你们发现了直角三角形三条边之间的什么规律？如果直角三角形的两条直角边长分别为a，b，斜边长为c，那么会得到什么结论？

生：如果直角三角形的两直角边长分别为a，b，斜边长为c，那么$a^2+b^2=c^2$。

勾股定理：如果直角三角形的两直角边长分别为a、b，斜边长为c，那么$a^2+b^2=c^2$。

> 设计理念或意图：利用层层递进的方式引导学生积极参与教学。让学生不仅学习数学知识，还要了解中国古代数学的成就，引发民族成就感。

（五）课堂反思

勾股定理：如果直角三角形的两直角边长分别为a，b，斜边长为c，那么$a^2+b^2=c^2$。

注意：

（1）体现在直角三角形中。

（2）看清哪个角是直角。

（3）已知两边没有指明是直角边还是斜边时，一定要分类讨论。

（4）学习了勾股定理，谈谈你对古人的创造有什么感想？

设计理念或意图：学以致用，加深学生对知识点的巩固。

（六）教学思考

1. 课堂体验

（1）创设情境，激发兴趣。通过商高情境的巧妙引入，利用生活中的情景，让学生发现问题；创设介绍勾股定理的历史情境，粗略推荐了一些网站，让学生下课之后查阅、了解、充实、丰富和拓展课堂学习资源，让学生学会选择、整理、重组、再用这些资源；有力地促进了自主学习；体现了数学来源于生活的思想。

（2）总结经验，发展能力。使用形象的课件克服学生枯燥推导公式的困难，通过教师的层层引导，学生跟随教师的教学进行简单明白、深入浅出的分析；针对八年级学生的理解能力、思维特征和生理特征，在教学中运用直观生动的教学方法，激发学生的兴趣，让学生发表见解，发挥学生的主动性。

2. 课堂思考

（1）在教学中，通过商高情境的巧妙引入，引用《周髀算经》中明确记载的勾股定理的公式介绍，让数学之美跃然眼前，让学生学到知识，产生对古人孜孜不倦的劳动精神和创新精神由衷的敬佩。本案例可谓使德育、智育、劳动教育和美育得到了较好的融合。同时，让学生在勾股定理的证明中，体会数形结合的思想。

（2）引导学生思考和表达。通过商高情境的巧妙引入、练习题型的变式等，引导学生思考和表达。

五、教学案例：垂直于弦的直径

（一）知识点

（1）垂直于弦的直径。

（2）中华优秀传统文化情境。"今有圆材，埋在壁中，不知大小，以锯锯之，深一寸，锯道长一尺，问径几何？"是我国古代著名数学著作《九章算术》中的"圆材埋壁"问题，也是典型的垂直于弦的直径问题。

（二）课时目标

（1）掌握垂径定理及垂径定理的推论。

（2）利用垂径定理解答圆的一般问题。

（三）核心问题

灵活运用垂径定理解决有关圆的问题。

（四）课堂教学实录

片段 1　情境引入，激发兴趣

你能通过折叠的方式找到圆形纸片的对称轴吗？

> 设计理念或意图：通过生活中的折纸问题情境引入，激发学生学习的热情，也激起学生学习兴趣。

片段 2　再创情境，拓展提升，探究新知

师：圆是轴对称图形吗？如果是，它的对称轴是什么？你能找到多少条对称轴？

生：圆是轴对称图形，任意一条直径所在直线都是圆的对称轴。

师：同学们动手操作一下，画一条和直径垂直的弦，量一量直径分成的弦有什么特点？两段弧又有什么特点？（不好测量的话可以把弧用绳子测量。）

生：通过操作发现弦被平分。

师：再画其他相同条件的弦是不是也有相同的规律？

生：测量之后，也有同样的特点。

师：同学们小组一起归纳一下。（小组讨论，找同学回答。）

生：一条直径垂直于它的弦，也平分它的弦和弧。

师：（教师补充）垂直于弦的直径平分这条弦，并平分弦所对的两条弧（优弧和劣弧）。如图 6-33 所示。

∵ AB 是 $\odot O$ 的直径，

又 ∵ $AB \perp CD$

∴ $CE = DE$，$\overset{\frown}{BC} = \overset{\frown}{BD}$，$\overset{\frown}{AC} = \overset{\frown}{AD}$。

垂径定理（垂直于弦的直径平分弦，并且平分弦所对的两条弧）中隐含着一条直线，而且该直线有以下性质：

①过圆心；②垂直于弦；③平分这条弦；④平分这条弦所对的优弧；⑤平分弦所对的劣弧。

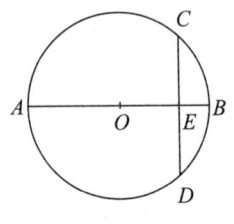

图 6-33

一条直线满足面所说的五个中的任何两个条件，都可以推出其他三个结论。

师：① AB 是直径；② $CD \perp AB$，垂足为 E；③ $CE=DE$；④ $\overset{\frown}{AC}=\overset{\frown}{AD}$；⑤ $\overset{\frown}{BC}=\overset{\frown}{BD}$。举例证明其中一种组合方法。如图 6-34 所示：

∵ AB 是 $\odot O$ 的直径，

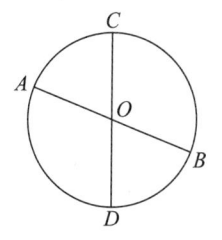

又 ∵ $CE=DE$，

∴ $AB \perp CD$，$\overset{\frown}{BC}=\overset{\frown}{BD}$，$\overset{\frown}{AC}=\overset{\frown}{AD}$。

图 6-34

> 设计理念或意图：利用层层递进让学生总结，引导学生积极参与教学，了解垂径定理及垂径定理的推论。

片段 3　例题分析

例 1. 下列图形如图 6-35 所示，是否具备垂径定理的条件？如果具备，请说明为什么。

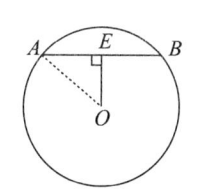

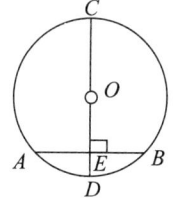

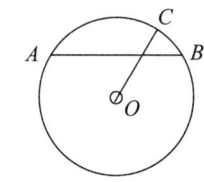

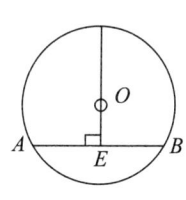

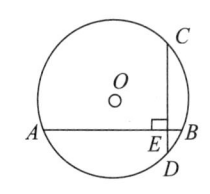

图 6-35

例 2. 如图 6-36 所示，在 $\odot O$ 中，AB 是弦，$OC \perp AB$ 于 C。

（1）若 $OA=5$，$OC=4$，求 AB 的长。

（2）若 $OA=6$，$AB=8$，求 OC 的长。

（3）若 $AB=12$，$OC=8$，求 $\odot O$ 的半径。

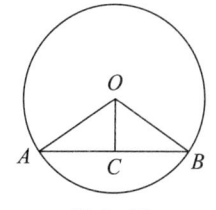

图 6-36

（4）若 $\angle AOB=120°$，$OA=10$，求 AB 的长。

师：解决有关弦的问题，经常是过圆心作弦的垂线，或作垂直于弦的直径，连接半径等辅助线，为应用垂径定理创造条件。

例 3. 赵州桥是我国建筑史上的一大创举，距今约 1 400 年，历经无数次洪水冲击和 8 次地震却安然无恙，如图 6-37 所示。若桥跨度 AB 约为 40 米，主拱高 CD 约 10 米，则桥弧 AB 所在圆的半径是多少米？

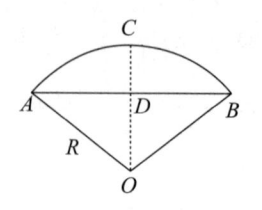

图 6-37

设计理念或意图：赵州桥是我国古代劳动人民智慧的结晶，以此创设例题情境，有利于激发学生的爱国热情，使学生树立民族自信心。

片段 4 练习巩固

1.如图 6-38 所示，在⊙O 中，A、B 是弦 CD 延长线上的两点，且 OA=OB。求证：AC=BD。

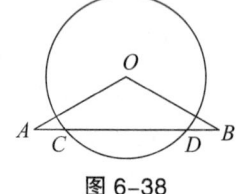

图 6-38

2.如图 6-39，在⊙O 中，AB 是弦，C 为 $\overset{\frown}{AB}$ 的中点，若 $BC=2\sqrt{3}$，O 到 AB 的距离为 1。求⊙O 的半径。

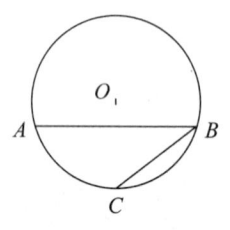

图 6-39

3.《九章算术》中的圆材埋壁。大意为现有圆柱状的木材埋在墙壁里。不知道其宽度的大小，于是用锯子（沿横截面）锯它，当量得深度为 1 寸的时候，锯开的宽度为 1 尺，问木材的直径是多少？（1 尺等于 10 寸。）用数学语言可表述为，如图 6-40 所示，CD 为⊙O 的直径，弦 AB⊥CD，垂足为线段 OC 上的一点 E。CE=1 寸，AB=10 寸，求直径 CD 的长。

（五）课堂总结

垂径定理：垂直于弦的直径平分弦，并且平分弦所对的两条弧。

推论：一条直线满足：①过圆心；②垂直于弦；③平分弦（不是直径）；④平分弦所对的优弧；⑤平分弦所对的劣弧，满足其中两个条件就可以推出其他三个结论（"知二推三"）。

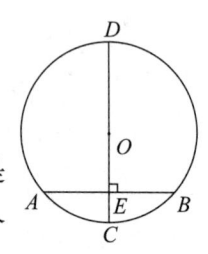

图 6-40

设计理念或意图：两条辅助线连半径，过圆点作弦的垂线构造直角三角形，利用勾股定理计算或建立方程；学以致用，加深学生对知识点的掌握。

（六）教学思考

1. 课堂体验

（1）创设情境，激发兴趣。

①本课例从学生动手折一折入手，注意加强对学生的启发和引导，培养学生大胆猜想、小心求证的研究素养。

②在教学过程中借助赵州桥以及《九章算术》进行介绍，渗透中华传统文化，让学生感知我国古代劳动人民的智慧，激发了学生学习数学的兴趣和激情。

③数学源于生活，而又服务于生活。本课采用了多媒体教学，使抽象的图形直观化、生活化；通过图片的折叠和旋转使复杂的问题简单化，学生也比较容易接受，从而突破了难点，达到了本节课的教学目标。因此在今后的教学中应注重贴近生活，从学生的角度去挖掘素材，找准突破点，尽可能地使数学生活化、趣味化，使学生去经历数学、体验数学，从而达到教学的目的。

（2）动手动脑，发展思维。这节课从动手练习开始，得到圆的轴对称性，进而推出垂径定理及推论。教学设计中，从具体到简单、从特殊到抽象、从复杂到一般，层层递进，有利于提高学生的数学思维能力，为学生创造一种宽松和谐、适合发展的学习环境，创设一种有利于思考、讨论和探索的学习氛围，根据学生的实际水平，选择恰当的教学起点和教学方法。

（3）总结经验，提升能力。本案例注重中华优秀传统文化的渗透，改变了教学方式，提高了课堂教学质量。注重学生思维的发展，将问题分解成"观察、分析、比较、归纳"几个阶段逐步解决。尊重学生，关注学生的发展动态，并给予适当的鼓励和表扬，使学生有成就感，增强了学生学好数学的信心。

在授课过程中发现学生存在一些问题，仍需改进，比如要提升学生的计算能力、及时提出错误点。在进行小组合作探究活动时，学生的积极性很高，与教师的配合也很好，但在整个过程中出现了一些问题，教师在课堂上讲授太多，造成"满堂灌"的现象。学生是课堂的主人，需加强学生的自主学习能力。

2. 课堂思考

（1）五育培育。本案例重视五育培育，如动手实验，学生养成了爱实践的习惯，同时也得到了体育锻炼；渗透中华优秀传统文化，学生受到良好的思想熏陶，爱国思想得到培育；教学中注意学生思维的训练，发展学生思维。

（2）引导学生思考。通过情境设置、文化渗透、合作探究和举一反三等引导学生思考。如提出问题："在折纸的实验中，你发现了什么？""你能用所学知识解决布依族铜鼓中的数学问题吗？"

（3）引导学生表达。教学中引导学生表达的地方很多，如"本节课你学到了什么知识？""受到了哪些启发？"等等。

六、教学案例：二次函数

（一）知识点

（1）二次函数。

（2）中华优秀传统文化情境。我国的拱桥由于外形都是弯曲的，古时常称为曲桥。拱桥的造型很美，有宛如皎月的坦拱，有玉带浮水的、平坦的纤细道多孔拱桥，有长虹卧波、形成自然纵坡的拱桥，等等。石拱桥是我国古人留下的文化遗产，是古代劳动人民智慧的结晶，石拱桥的形状就是很直观的二次函数的图象，赵州桥就是一座具有代表性的二次函数抛物线形的石拱桥。

"函数"是我国清代数学家李善兰在翻译《代数学》（1895年）一书时，由"function"译成的。中国古代"函"字与"含"字通用，都有着"包含"的意思。李善兰给出的定义是"凡式中含天，为天之函数"。中国古代用天、地、人、物4个字来表示4个不同的未知数或变量。这个定义的含义是，凡是公式中含有变量x，则该式子叫作x的函数。所以"函数"是指公式里含有变量的意思。

（二）课时目标

（1）理解具体情景中二次函数的意义，理解二次函数的概念，掌握二次函数的一般形式。

（2）能够表示简单变量之间的二次函数关系式，并能根据实际问题确定自变量的取值范围。

（3）体会数学与实际生活的密切联系，学会与他人合作交流，培养合作意识。

（三）核心问题

理解二次函数的概念，掌握二次函数的一般形式。

(四)课堂教学实录
片段1　情境引入,激发兴趣
师:同学们,花园的喷水池喷出的水、河上架起的石拱桥、投篮球或投掷铅球时球在空中经过的路线,它们都具有什么共同的形状?

生:它们都是一条曲线。

师:不错!

生:我觉得它们都像抛物体时的路线。

师:很好!那同学们能否把这些曲线用函数关系式来表示呢?它们的形状是怎样画出来的?

今天我们来学习新一章——二次函数。

设计理念或意图:通过情境引入,激发学生研究的热情,同时让学生从生活中发现数学问题,激起学生的学习兴趣,使学生建立二次函数的初步印象。

石拱桥是我国古人留下的文化遗产,是古代劳动人民智慧的结晶,在情境中设置问题,有利于培养学生的民族自信心。

片段2　再创情境,拓展提升,探究新知
师:我们先来看这样几个问题。

例1.正方体的六个面是全等的正方形,如果正方形的棱长为 x,表面积为 y,那么 y 与 x 的关系可表示为什么?

生:$y=6x^2$。

例2.n 边形的对角线数 d 与边数 n 之间有怎样的关系?

生:$d=\dfrac{n(n-3)}{2}$。

师:某工厂一种产品现在的年产量是20件,计划今后两年增加产量,如果每年都比上一年的产量增加 x 倍,那么两年后这种产品的数量 y 将随计划所定的 x 的值而定,y 与 x 之间的关系怎样表示?

生:$y=20(1+x)^2$。

师:现在请同学们观察上述3个函数表达式,它们有什么共同特点?

生:它们都满足 $y=ax^2+bx+c$ 的形式。

师:很好!那现在哪位来说一说二次函数的定义。

生：我们把形如 $y=ax^2+bx+c$ 的函数称为二次函数。

师：对吗？有没有补充的呢？

生：我认为要满足。a，b，c 是常数，$a \neq 0$ 这个条件。

师：为什么呢？

生：如果 $a=0$，$b \neq 0$，那它就是我们前面学过的一次函数。

师：很好，真不错！我们这位同学能将过去所学知识与现在所学知识对照起来，同学们也要向他学习。

其中 a 为二次项系数，ax^2 叫作二次项，b 为一次项系数，bx 叫作一次项，c 为常数项。

设计理念或意图：让学生学会运用所学知识来解决问题，让不同层次的学生都能参与到整个课堂中来，让学生体会到学习的乐趣。

师：现在我们来看这样一个问题，函数 $y=ax^2+bx+c$（a，b，c 是常数）。

（1）当 a，b，c 满足什么条件时，它是二次函数？

（2）当 a，b，c 满足什么条件时，它是一次函数？

（3）当 a，b，c 满足什么条件时间，它是正比例函数？

生：$a \neq 0$ 时，是二次函数。

师：第二问呢？

生：$a=0$，$b \neq 0$ 时，是一次函数。

师：第三问呢？

生：$a=0$，$b \neq 0$，$c=0$ 时，是正比例函数。

师：好，现在同学们已掌握了二次函数的定义，以及定义的关键点。同学们有没有兴趣继续运用今天所学知识来解决一个新的问题呢？

众生：有。

师：某小区要修建一块矩形绿地，设矩形的长为 x m，宽是 y m，面积为 S m^2。

（1）如果用 18 m 的建筑材料来修建绿地的边框（即周长），求 S 与 x 的关系式，并求出 x 的取值范围。

（2）现根据小区的规划要求，所修建的绿地面积必须是 18 m^2，在（1）的条件下，矩形的长和宽各为多少米？

生：矩形的面积公式是长乘以宽，而长与宽的和是 18，所以此题的结论是 $S = x(9-x)$。

师：现在我们一起再来看看第二个问题，要满足面积是 18 m²，就是要考虑什么？

生：就是问当 S=18 时 x 有没有符合题意的解。

师：那我们应怎样解决？

生：首先必须求出自变量 x 的取值范围。

师：那怎么求呢？

生：根据实际意义，应考虑长和宽都是大于 0 的，再有题目的限定条件 x > y，这样就可以求出 x 的范围为 4.5 < x < 9。

师：同学们同意他的做法吗？同意的举手。

（大部分的学生都举手了，还有一些学困生仍需要一点时间消化和巩固。）

那现在同学们能不能求出最后的结果呢？

生：实际上问题就变为解一个一元二次方程。

师：那最后的解该怎么取呢？

生：要取符合题意的解（此时包括上题中求出的自变量的取值范围。）

生：长是 6，宽是 3。

师：通过这节课的学习，同学们学到了哪些知识？

生：我知道了二次函数的定义。

生：我知道了二次函数中的 $a \neq 0$。

生：我知道通过二次函数能解决一些实际问题。

师：同学们总结得很好，我们要借助学习二次函数来将实际问题进行转化，即掌握数学中的建模思想。

> 设计理念或意图：通过几句简短的激励性评价语言，拉近师生之间的距离，增进师生情感，同时，又使学生获得满足感，激发学生学习和探究数学的兴趣与积极性。

片段 3　例题分析

例 1. 下列函数哪些是二次函数？

① $y=3x-1$　② $y=3x^2+2$　③ $y=3x^3+3x$

④ $y=2x^2-2x+1$　⑤ $y=x^2-x(1+x)$　⑥ $y=x-^2+x$

例 2. 关于 x 的函数 $y=(m+1)x^{m^2-m}$ 是二次函数，求 m 的值。

例3. 如图6-41所示，长方形 $ABCD$ 的长为 5 cm，宽为 4 cm，如果将它的长和宽都减去 x，那么剩下的小长方形 $AB'C'D'$ 的面积为 y。

（1）写出 y 与 x 的函数关系，并指出是什么函数。

（2）自变量 x 的取值范围是什么？

片段4 练习巩固

（1）当 k 取何值时，函数 $y=(k-1)x^{k^2+k}+1$ 是二次函数？

（2）当 m 取何值时，函数 $y=(m-2)x^{m^2-2}$ 是二次函数？

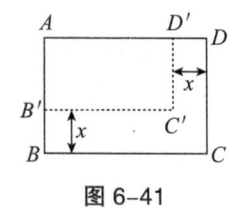

（五）课堂反思

（1）通过本节学习，有什么收获？有什么困惑？请说给老师或同学听。

（2）二次函数的一般形式是怎样的？特殊形式有哪些？一个函数是不是二次函数的关键是什么？

图6-41

> 设计理念或意图：学习巩固是提高数学学习效率和增强自律的有效策略和途径，数学的学习并不是仅仅做几道数学题，而是通过数学的学习提高各种能力，促进个人的发展。良好的数学学习习惯和方法的养成以及数学情感、态度和价值观的形成是在学习的过程中逐渐完成的！将数学文化与数学知识有机地融合起来，彰显数学文化的本性，可以激发学生学习数学的热情。

（六）教学思考

1. 课堂体验

（1）创设情境，激发兴趣。本课例借助石拱桥创设情境引入新课。石拱桥是我国古人留下的文化遗产，是古代劳动人民智慧的结晶，在情境中设置问题，有利于培养学生的民族自信心，激发学生学习的热情，同时也让学生从生活中发现数学问题，激起学生的学习兴趣，使学生建立对二次函数的初步印象。

（2）引入中华优秀传统文化，让数学更具思想性。将数学文化与数学知识有机地融合起来，彰显数学文化的本性，激发学生学习数学的热情，同时让数学更具教育性、思想性。

（3）总结得失，提升技能。在教学中，教师教学热情不够，没有积极调动学生的学习热情，感染力不足。今后教师备课时要重视使用丰富而风趣的语言，来调动学生的积极性。同时，在数学教学中不但要善于设疑置难，而且要理论联系实际，只有这样，才会激发学生对数学学科的热爱。

2. 课堂思考

（1）五育培育。案例中以石拱桥为情境，一是让学生感受到中国古代劳动人民创造的智慧，同时也感受到数学之美；二是激发了学生的民族自信心。案例中巧妙地渗透了数学文化，凸显了数学的教育性，德育、智育、美育、劳育得到了有机融合。

（2）引导学生思考。本案例中通过创设情境，设置二次函数的实际应用问题，引导学生思考，并进行解答，提高学生分析问题、解决问题的能力，同时还锻炼了学生的胆量，引导学生感受学习数学的价值。

（3）引导学生表达。案例中，关于"通过情境创设发现了什么"，引导学生用自己的话或用文字表达出来。

参考文献

[1] 崔莉.中华优秀传统文化在小学数学教学中的渗透[J].华夏教师，2021（18）：65-66.

[2] 罗素.我的哲学发展[M].温锡增，译，北京：商务印书馆，2011.

[3] 斯托亚利尔.数学教育学[M].丁尔陞，等译.北京：人民出版社，1984.

[4] 苏霍姆林斯基.给教师的建议[M].杜殿坤，编译.北京.教育科学出版社,1984.

[5] 弗赖登塔尔.作为教育任务的数学[M].陈昌平，唐瑞芬，译.上海：上海教育出版社.

[6] 吕传汉，汪秉彝.中小学数学情境与提出问题教学研究[M].贵阳：贵州人民出版社.

[7] 钱宝琮.中国数学史[M].北京：商务印书馆，2019.

[8] 弗尔辛.爱因斯坦传[M].薛春志，译.北京：人民文学出版社，2022.

[9] 邓宁顿.高斯——科学的巨人[M].赵振江，译.朱惠霖，校.上海：上海科学技术出版社，2022.

[10] 张齐华.审视课堂：张齐华与小学数学文化[M].北京：北京师范大学出版社，2010.

[11] 刘徽.九章算术[M].南京：江苏凤凰科学技术出版社，2016.

[12] 帕斯卡.思想录[M].何兆武，译.天津：天津人民出版社，2007.